Keine Panik, es ist doch nur Schule!

Für Lukas und all die anderen, die nicht in ein Raster passen und durch ihr „Sein", die triste Welt der „Normalen" bereichern.

Für all diejenigen, die das erkannt haben und bereit sind, Freundschaft zu schließen mit dem Anderssein.

Danke Lukas, dass ich dich ein Stück auf deinem Weg begleiten durfte und danke, für die vielen Exkursionen in deine Gedanken- und Gefühlswelt, die du mir ermöglicht hast.

Du bist ein starker, beeindruckender und liebenswerter junger Mann geworden! Du wirst deinen Weg gehen, wenn du es in die Hand nimmst! Sei weiterhin engagiert für dein Leben und deine Zukunft! Nutze alle Möglichkeiten die sich dir bieten! Ich bin gespannt, wie deine „Geschichte" weitergeht!

Hab keine Angst, du weißt wie es geht, du schaffst es!!

Diane Müller

Keine Panik,….es ist doch nur Schule!

Autismus und Schule im Zeitalter von Inklusion
Ein Erfahrungsbericht aus Sicht einer Schulbegleitung

*Bibliografische Information der Deutschen Nationalbibliothek:
Die Deutsche Nationalbibliothek verzeichnet diese Publikation
in der Deutschen Nationalbibliografie; detaillierte bibliografische Daten sind im Internet über http://dnb.dnb.de abrufbar.*

© *2014 Diane Müller*
Korrektur: Kristina Peper

*Herstellung und Verlag: BoD – Books on Demand, Norders-
tedt*

ISBN: 978-3-734730115

Einleitung

Freitag, 20.09.2013, „Arbeit und Wirtschaft" steht auf dem Stundenplan ...langweilig!!! Ein Glück, fast Wochenende und nur noch eine Woche Schule, bis zum lang geplanten und heiß ersehnten Abenteuerurlaub.

Was mache ich, 46 Jahre alt, Mutter zweier erwachsener Söhne, verheiratet in dritter Ehe mit drei abgeschlossenen Berufsausbildungen an einem Freitagmorgen in einer 8. Realschulklasse an einem Tisch in der letzten Reihe im AW Unterricht???

Groß geworden im Osten, in der Nähe von Berlin, nach bewegten Jahren des Erwachsenwerdens führte mein Weg nach Niedersachsen. Mein bis dahin sehr abwechslungsreiches, aufregendes und kräfteraubendes, aber dennoch glückliches und erfülltes Leben, tauschte ich gegen ländliche Idylle, Harmonie und Ruhe mit einem liebevollen Mann.

Nach 14 Jahren als alleinerziehende Mutter- mit vielen Höhen und Tiefen- war es für mich nun soweit, etwas kürzer treten zu können und keine beruflichen Höchstleistungen mehr anstreben zu müssen. Ich hatte mich bestätigen können, hatte viel erreicht, und dank meines Mannes war es mir nun endlich möglich, das Leben auf der Überholspur zu beenden und mich der schönen Dinge des Lebens zu widmen. Mein Plan war es, nur noch geringfügig zu arbeiten, ohne Stress, ohne in den Zwängen einer „Maschinerie" gefangen zu sein, ohne die Gefahr eines Burnout, ohne finanziellen Druck. Auf der Suche nach einer entsprechenden Tätigkeit, weckte ein Inserat mein Interesse, in welchem ein gemeinnütziger Verein eine Schulbegleitung suchte. Bisher hatte ich noch nichts über Aufgabenbereiche und Inhalte der Arbeit von Schulbegleitungen gehört. Das Anforderungsprofil konnte ich erfüllen; also beschloss ich, mich in das Abenteuer zu stürzen und schickte eine Bewerbung auf Reisen.

Schon allein die Tatsache, dass ich jetzt diese Zeilen schreibe lässt vermuten, dass es sich nicht um die entspannte und Vorruhestand geeignete Tätigkeit handelte nach der ich suchte. Mit meiner Ruhe und Ausgeglichenheit war es schon bald nach der Übernahme dieser verantwortungsvollen Aufgabe vorbei. Ich lernte Lukas kennen und mit ihm eine vollkommen neue Welt. Auf den folgenden Seiten berichte ich vom täglichen Kampf um Anerkennung, Empathie, Toleranz, Mithilfe, Engagement, Verständnis, einem Kampf gegen eingefahrene (Nicht-) Strukturen, gegen Vorurteile, Verantwortungslosigkeit und Engstirnigkeit, aber auch von schönen Momenten, von Erfolgen und liebenswerten Verbündeten.

Wieder ein Neubeginn, eine Entwicklung, eine Herausforderung! Auf der Grundlage gesammelter Erfahrungen als Unterstufenlehrerin, Erzieherin, Sozialarbeiterin, Dozentin und Krankenschwester, eine weitere Etappe im Lebenslauf:

10/2011-10/2014, Schulbegleitung

Hört sich ziemlich langweilig, wenig qualifiziert an, „Schulbegleitung"?!

Das ist wohl jemand, der ein auffälliges Kind betreut, die aufpasst, dass es nicht austickt, die dafür sorgt, dass es sich „normal" benimmt, sich bedingungs- und kritiklos in vorgegebene, unflexible Strukturen einfügt und eben einfach nur funktioniert?! Eine, die eingreifen und disziplinieren muss, wenn Kinder aufgrund ihrer Defizite an Grenzen stoßen?!

Schulbegleiter sorgen dafür, dass Kinder mit einer zum Beispiel anerkannt seelischen Behinderung im Raster der Schule funktionieren. Ein vom Jugendamt bezahltes Kindermädchen. Sie tun nicht viel mehr, als immer nur da zu sein, kontrollieren und kritisieren die Lehrer?! Toller Job!!?

Es wird sich zeigen, dass es eben genauso nicht ist! Eine Schulbegleitung ist keine Einzelbetreuung, welche den unterrichtenden Pädagogen den Bildungs- und Erziehungsauftrag abnimmt! Qualifizierte Schulbegleitung ist hochsensible Beziehungsarbeit, welche beim Akteur einen nicht geringen Grad an sozialer Intelligenz, Wissen, Empathie, Geduld, Motivation, positivem Denken und einen Mindestabschluss als staatlich anerkannte Erzieherin voraussetzt.

Ziel ihrer Arbeit ist es, einen jungen Menschen so zu stärken und zu fördern, dass er den Alltag trotz bestehender Defizite bewältigen und entsprechend seiner Fähigkeiten und Fertigkeiten beschult und ausgebildet werden kann. Es wird nicht gemaßregelt, sondern mit ge- und erlebt, um Befindlichkeiten zu erkennen, zu benennen und Lösungsmöglichkeiten für Konfliktsituationen zu erarbeiten. Es gilt, die Persönlichkeit zu stärken, das meist aufgrund von Misserfolgen geschwächte Selbstvertrauen und Selbstwertgefühl wieder herzustellen, einen jungen Menschen ein Stück auf dem Weg ins Leben zu begleiten, um seine Rechte zu kämpfen, ihm bewusst zu machen, dass er etwas kann. Ihm das Gefühl zu geben, dass er gut ist, so wie er ist, auch wenn er nicht der „Norm" entspricht und als Banane bei der Einreise nach Deutschland aufgrund dessen Probleme bekommen hätte.

Aufgabe ist es, ihn zu befähigen, Konflikte zu lösen, den Schulalltag angst- und stressfrei zu erleben, seine besonderen Fähigkeiten zu erkennen, zu stärken und die Umwelt daran teilhaben zu lassen. Es geht auch darum, sein Umfeld zu sensibilisieren, Individualität zu erkennen und zuzulassen. Es geht um das Werben für Toleranz im Umgang mit anderen, mit Menschen die nicht bedingungslos in ein Raster passen, die nicht problemlos funktionieren, die mich als Mensch, als Pädagoge, als Elternteil, als Geschwisterkind, Mitschüler, oder Freund fordern, meinen Blickwinkel auf Dinge vergrößern, meinen Horizont erweitern und mich und mein Leben bereichern, so ich es zulasse.

Es geht darum, Sympathie zu entwickeln für diesen kleinen „Kaputten", der beim Zurechtkommen in der großen Welt hilflos überfordert ist, der zum Beispiel aufgrund seiner Wahrnehmungsstörung in Situationen, die für uns vollkommen unproblematisch sind, Ängste entwickelt und Spannungen aufbaut, die sich nur noch explosionsartig entladen können und müssen, damit er noch Luft zum Atmen bekommt. Verhaltensweisen, die uns irritieren, uns aber eigentlich zeigen, wie groß sein Leid in diesem Moment ist.

Es geht um Empathie, um die Übernahme von Verantwortung für diesen strauchelnden Menschen, der darauf angewiesen ist, dass seine Verarbeitungs- und Schutzmechanismen, welche sich in verschiedenen Verhaltensweisen darstellen, als „Hilfeschreie" gesehen und gehört werden. Es geht um die Bereitschaft, ihm in diesem Moment die Hand zu reichen, ihm Sicherheit zu vermitteln und somit die „Bombe zu entschärfen", bevor sie hoch geht.

Ziel ist es, der Umwelt zu vermitteln, dass Fehlverhalten keine persönlichen Angriffe sind, sondern das Ergebnis beziehungsweise der Gipfel einer Anspannungspyramide. Aggressionen und unkontrolliertes Verhalten sind nicht durch Bestrafungen, Maßregelungen, Diskriminierungen, sondern nur durch rechtzeitige Intervention und Verständnis für die Situation zu vermeiden.

Und es geht um noch so viel mehr...

Im Folgenden nehme ich Sie mit auf Entdeckungstour, auf eine Reise in den Alltag eines jungen Menschen mit einer Autismus Spektrum Störung, auf einen steinigen Weg, auf eine Strecke mit vielen Facetten- im Zeitalter von Inklusion und Integration.

1. Kapitel

Lukas- Kontaktaufnahme mit „ Forrest Gump"

Am 26.10.2011 lernte ich Lukas im häuslichen Bereich kennen. Er hat ziemlich lange Haare, weicht meinen Blicken aus, zwinkert häufig mit den Augen und knackt aufgeregt mit seinen Fingern. Aufmerksam hört er den Schilderungen seiner Mutter zu. Liebevoll und voller Verständnis beschreibt sie ihren Sohn, berichtet vom langen Leidensweg bis zur Diagnosestellung.

Lukas hat das Glück, in einer Familie groß zu werden, deren Miteinander von viel Liebe, gegenseitiger Akzeptanz und Hilfe bestimmt ist. Mutti, Oma, Tanten und Kusinen sind wichtige Vertraute für Lukas und jederzeit für ihn da. Dennoch ist der Leidensdruck aller zu dieser Zeit sehr groß.

Die Grundschulzeit war eine Odyssee! Immer wieder fiel Lukas durch unkontrolliertes, aggressives, impulsives und zum Teil gefährdendes Verhalten auf. Eltern fürchteten um die Sicherheit ihrer Kinder, Mitschüler waren verunsichert im Umgang mit Lukas und hatten Angst vor ihm, Lehrer waren überfordert.

Anstatt nach Ursachen und Lösungsmöglichkeiten für diese Verhaltensweisen zu suchen und Hilfe von Fachleuten in Anspruch zu nehmen, wählte man die Kurzfassung und legte dem kleinen Störenfried das Verlassen der Schule dringend nahe!

Ein erfolgter Schulwechsel führte zu etwas Entspannung durch mehr Empathie für die Situation von Lukas und seiner Mutter. Ein von der Grundschullehrerin angeregtes psychologisches Gutachten erkannte Jahre später wenigstens mögliche Ursachen für das beschriebene Verhalten. Zahlreiche Tests und Gespräche mit Psychologen brachten die Diagnose

„ASPERGER SYNDROM", eine anerkannte Behinderung nach ICD-10-GM.

Nun hatte das Kind endlich einen Namen; aber gebündelte Problemlösungsstrategien gab es natürlich nicht dazu; und so sollte es noch ein langer Weg sein, bis auch sein Leidensdruck nachließ.

Der Wechsel in die Sekundarstufe und damit ein erneuter Schulwechsel ließen alte Verhaltensweisen wieder aufblühen. Nur einer sehr engagierten Klassenlehrerin und einem kampferfahrenen Muttertier, war es zu verdanken, dass Lukas nicht schon nach dem ersten Halbjahr unehrenhaft entlassen wurde. Auf der Suche nach Unterstützung und Hilfe stieß man auf die Möglichkeit einer Schulbegleitung. Einige Anträge, Gutachten, Berichte, Verhandlungen und Gespräche später, trete ich auf den Plan. Ich, Diane Müller, als Schulbegleiterin eines 10-jährigen Jungen mit einer Autismus Spektrum Störung, kurz ASS.

Aber nun wieder zurück auf „Anfang".

Wir sitzen immer noch im Wohnzimmer der Familie Richter. Es ist ein schöner Oktobertag, es sind Ferien, und Lukas hat seinen geliebten Computer verlassen, um sich seinem neuen „Schatten" zu präsentieren. Natürlich geben wir uns beide große Mühe, nett zu sein und dem jeweils anderen zu gefallen. Ich bin entgegen meines eigentlichen Wesens sehr ruhig und geduldig, höre zu und frage- unter besonderer Berücksichtigung aller Kommunikationsregeln- und in feinem Hochdeutsch nach. Lukas erzählt ohne Punkt und Komma, von seiner Schwester, seinen Haustieren, seinen Vorlieben und von dem, was er gar nicht mag.

Am liebsten verschanzt er sich in seiner Kommandozentrale und spielt am PC Strategiespiele. Sein Zimmer ist etwas chaotisch sortiert und für alle, außer seiner Mutter, Sperrzone. Versuche, dieses widerrechtlich zu betreten, haben extreme Verteidigungsmaßnahmen zur Folge. Auf eine detailgetreue

Erläuterung bezüglich eingesetzter Strategien und Kampfmittel durch Lukas verzichte ich im ersten Gespräch.

Auf einer Skala von 1 bis 6, („mag ich" bis „mag ich gar nicht") konnten sich nur wenige Aktivitäten auf den ersten Rängen platzieren. Neben den bereits erwähnten Computerspielen erhielt das Spielen mit Lucky, seiner Katze und Molly, dem Familienhund noch die Note 2. Aber dann war da nicht mehr viel, was Lukas hinter dem Computer vorlockte.

Mit besonderem Eifer berichtete er von dem, was er gar nicht mag. Das Thema „Essen" rangierte zwischen 4 und 5, das Verlassen der häuslichen Umgebung- wofür auch immer-, erhielt eine glatte 5. Besonders schlecht schnitt bei der Einschätzung das Thema „Schule" ab, im Besonderen die Fächer Sport, Musik und Englisch. Am Sportunterricht nahm er schon längere Zeit nicht mehr teil. Natürlich gab es auch Lehrer, welche er nicht mochte. Hemmungslos wurden diese mit Namen benannt und deren „Vergehen" beschrieben.

Ich lernte Lukas kennen als unsicheren, etwas unglücklich wirkenden, angespannten, gut erzogenen, liebenswerten kleinen Freak mit vielen kleinen Macken und Prinzipien, deren Ursachen und Ausprägung mir bis dahin noch völlig unklar waren. Lukas sprach sehr schnell, manchmal etwas undeutlich aber in sehr gewählter Ausdrucksform und sehr bildreich. Er hat wie bereits erwähnt ziemlich lange Haare, eine Base Cap mit der Aufschrift „Crazy", welches- was mir erst später bewusst wird- eine ganz besondere Bedeutung für ihn hat und am Kopf festgewachsen scheint. Sein Blick wandert unruhig zwischen Tisch und seinen Händen hin und her. Häufig kneift er die Augen deutlich sichtbar zu. Seine Mimik ist eher ausdruckslos, seine Bewegungen sind etwas ungelenk und abgehackt, seine Schrift ist unleserlich und als solche nur schwer zu identifizieren.

Die Tatsache, dass er erstaunlich viel erzählte und auch auf gezielte Nachfragen meinerseits bereitwillig und offen antwortete, ließ die Annahme zu, dass ich ihm nicht ganz unsympathisch war und eine Zusammenarbeit mit mir seine Zustimmung finden würde.

Mich faszinierte dieser kleine „Kaputte" auf Anhieb, meine soziale Ader war angezapft, ich hörte seinen Hilferuf und hatte Lust, diesen kleinen Sonderling zu erforschen.

Im Ergebnis dieses mindestens zwei Stunden dauernden Gesprächs brummte mir der Kopf, und es war klar, dass es „Müller" und „Richter" ab jetzt nur noch im Doppelpack geben würde. Nicht immer zur Freude aller Beteiligten.

2. Kapitel

Der Start

30. November 2011, fast auf den Tag genau zwei Jahre später, beginne ich mit dem Schreiben dieses Buches und ein weiteres Jahr später erhalte ich mein erstes Angebot zur Veröffentlichung von einem Buchverlag.

Die Herbstferien sind vorbei; mein erster Schultag mit Lukas beginnt. Von nun an treffe ich mich mit Lukas auf dem Parkplatz vor der Schule. Täglich wird er relativ pünktlich zur Schule chauffiert und dort auch nach dem Unterricht wieder eingesammelt. Gemeinsam betreten wir das Schulgebäude.

Da bin ich nun! Von der Klassenlehrerin freundlich begrüßt und der neugierigen Klassengemeinschaft vorgestellt, bekomme ich einen Sitzplatz direkt neben Lukas an einem Gruppentisch mit vier anderen Schülern angeboten. Obwohl es für mich quasi das 21. Schuljahr ist, befinde ich mich ab sofort wieder in einer 6. Realschulklasse inmitten 28 pubertierender Mitschüler.

Lukas neben mir fühlt sich noch nicht so richtig wohl in der Situation. Vor den Ferien hatte er sich bereits einige Tage

Sonderurlaub erarbeitet. In seiner Schulakte heißt es dazu sinngemäß … „Suspendierung vom Unterricht, wegen des Vorfalls am …". Im Ergebnis dessen war Lukas auch nicht mehr bereit, allein zur Schule zu gehen.

Nun war er wieder da, sogar mit Verstärkung!! Es ist also schon vollkommen verständlich, dass alle Beteiligten sehr gespannt waren auf das, was da kommen würde!

Noch am gleichen Tag zeigte er mir das Schulgebäude und seine „Pausenecke", welche ihm zugewiesen wurde, um Fehlverhalten abzuwenden. Zur besseren Kontrolle und Überwachung stand Lukas bis dahin in den großen Pausen vor den Fenstern des Lehrerzimmers.

In einer Gesprächsrunde lernte ich die Schulzweigleiterin und die Kollegin von der Förderschule kennen, welche bereits im Rahmen des Förderzusatzbedarfs mit Lukas gearbeitet hatte. Das waren sie nun, meine neuen Kollegen, meine Mitstreiter, Komplizen im Kampf für die Rechte des kleinen Freaks.

Nun ging es also wirklich los!

Die ersten drei Wochen nutzte ich zur Hospitation. Sie waren hart!! Pausenlose Beobachtung, alle Sinne geschärft, sechs Stunden sitzen, Pausenaufenthalte in überfüllten Fluren, viele neue Lehrer, neugierige Schüler, eine Geräuschkulisse auf Schmerzlevel. Jeder Tag füllte mindestens zwei Seiten meines Schultagebuches. Ich versuchte, Zusammenhänge zwischen gegebenen Umständen und Verhaltensweisen von Lukas zu erkennen, zu verstehen, was ihn bewegt, und wie er denkt und Auslöser für unkontrolliertes Handeln zu finden. Freiräume nutzten wir für intensive Gespräche, deren Qualität gemessen an der von heute geführten Gesprächen doch eher mangelhaft war, aber auch in dieser Form sehr, sehr wichtig. Schnell gewöhnte sich sowohl die Klasse als auch Lukas an die neue Situation. Einige Pädagogen hatten damit mehr Probleme. Viele der in der Klasse unterrichtenden Lehrer bemühten sich um eine Zusammenarbeit, waren zum Teil sogar dankbar für die Unterstützung. Einige jedoch waren wenig begeistert von meiner Anwesenheit, fühlten sich kontrolliert und beobachtet und taten sich schwer mit der Erkenntnis, dass ich ihnen nicht ihre Arbeit wegnehmen wollte, sondern im Gegenteil dazu überhaupt nichts mit ihrem Bildungsauftrag zu tun hatte.

Eine wichtige Funktion für das Gelingen der Mission übernahm die Klassenlehrerin. Eine stark sozial engagierte, erfahrene Pädagogin mit einer ausgeprägten fachlichen und sozialen Kompetenz. Sie hielt die Fäden in der Hand, koordinierte, informierte und warb um Verständnis und Mitarbeit im Lehrer- und Klassenverband. In der ersten Elternversammlung gab sie mir die Möglichkeit, meine Tätigkeit und die Problematik ASS und AD(H)S den Eltern vorzustellen und Fragen der besorgten Eltern zu beantworten. Sie schaffte eine optimale Grundlage für die erfolgreiche Arbeit mit Lukas, erkannte Probleme und war sehr interessiert an einer Zusammenarbeit mit mir als Schulbegleitung. Maßnahmen wurden abgestimmt und Ergebnisse evaluiert.

An den Nachmittagen und Wochenenden nutzte ich jede Möglichkeit der Weiterbildung zum Thema „Autismus", studierte im Internet und erarbeitete umfangreiches Informationsmaterial für das Lehrerkollegium. Dieses befindet sich übrigens, Dank des sparsamen Gebrauchs seitens der Zielgruppe, auch heute noch im Neuzustand! Die Wochen der Analyse brachten erste Erkenntnisse und Einblicke.

Ich konnte beobachten, dass Lukas unruhig wurde, wenn es zum Beispiel Unregelmäßigkeiten im Tagesablauf gab. Vertretungsstunden, fremde Lehrer, aber auch einige Bekannte (welche er bereits bei unserem Kennenlernen bildreich und schonungslos beschrieb), Raumwechsel, ungünstige Sitzplatzzuordnungen, verspäteter Unterrichtsbeginn, nichtverstandene Aufgabenstellungen, Unterforderung und fehlende Strukturen waren nur einige Faktoren die erkennbar Stress bei Lukas auslösten. Er entwickelte Ängste, weil er sich nicht zurechtfand, unsicher war. Er bemühte sich, diese Gefühle zu beherrschen, war aber häufig nicht dazu in der Lage. Seine innere Anspannung stieg ohne notwendige Intervention auf ein

Höchstmaß und hatte mitunter eine explosionsartige Entladung zur Folge. Auch ein ausgeprägter Gerechtigkeitssinn und das „Nichtzuschauen- können", wenn jemandem Unrecht geschah, brachte Lukas mitunter in schwierige Situationen. Am Auftreten und an der Ausprägung von Ticks, stereotypen Bewegungen, einer allgemeinen Unruhe, von Zwischenrufen und am Vorhandensein eines starren Blicks, konnte man den Grad seiner Anspannung erkennen.

Zum besseren Verständnis möchte ich an dieser Stelle Ausschnitte eines Schultages aus der Anfangszeit schildern, deren Beschreibung eine Vielzahl ungünstiger Faktoren und entsprechender Verhaltensweisen erkennen lassen.

An einem Mittwoch in der 5. Schulwoche, schon vor Beginn der ersten Unterrichtsstunde, beobachtete Lukas, dass ältere Schüler einem anderen den Ball wegnahmen und diesen auch trotz mehrfacher Aufforderung und Bitten des Jungen nicht zurückgaben. Stattdessen lachten sie ihn aus und provozierten. Eine für Lukas untragbare Situation, die er so nicht hinnehmen konnte. In Rekordzeit stieg seine Anspannung auf das Höchstmaß und veranlasste ihn kurzentschlossen, wild gestikulierend, mit den Armen fuchtelnd und verbal lautstark attackierend, Teil der „Veranstaltung" zu werden, um der Gerechtigkeit zum Sieg zu verhelfen.

Diese psychische Vorbelastung nahm er in Form einer ordentlich erhöhten Grundanspannung mit in den Schultag. Nun fehlte nicht mehr viel, um das sprichwörtliche Fass zum Überlaufen zu bringen. In der fünften Stunde ist es dann so weit. Ein Unterrichtsfach, welches auf der Lukas- Bewertungs- Skala gerade mal so eine 5 erreichen konnte (Kapitel 1), steht auf dem Plan. Der Akku ist fast leer, das Anspannungspotential bereits sehr hoch. Im Klassenraum herrscht das Chaos; eine halbe Buchseite soll abgeschrieben werden; Schüler laufen einfach durch den Raum, lautstark werden Unterhaltungen geführt, Versuche der Lehrerin, Ordnung in das Durcheinander zu bringen und die Lautstärke zu drosseln, scheitern am Widerstand der jungen Heranwachsenden. Lukas versucht sich krampfhaft auf die Aufgabe zu fokussieren, tickt, zappelt... Die Tatsache, dass er auch noch mehrmals von der Lehrerin mit „Tobias" angesprochen wird und die Bemerkung ihrerseits, dass dieser Name zwar nicht seiner ist, aber gut zu ihm passen würde, zünden dann die Bombe…

Rien ne vas plus- Nichts geht mehr!

Lukas ist nicht mehr ansprechbar, schreibt sich seinen Namen für die Lehrerin gut sichtbar auf die Stirn, springt auf, versucht mit Drohgebärden und wild gestikulierend, lautstarke Schüler zur Ruhe zu bringen. Zum Finale seiner Disziplinierungs- Aktion kratzt er mit den Fingernägeln, die volle Breitseite der Tafel bedienend, von ganz links bis nach ganz rechts.
Letzteres zeigt sofortige Wirkung! Ein kurzer Aufschrei aller Zeugen, erschrockene Gesichter … R U H E !... Eine herrliche Stille macht sich breit!

Mit gemischten Gefühlen beobachtete ich diese „Aufräumaktion", hielt mir wie alle anderen Anwesenden auch- die Ohren zu als es dem Tafelbelag an den Kragen ging, ignorierte tapfer die Aufforderung der Lehrerin: „Ich solle doch den Bengel mal zur Ruhe bringen" und genoss einfach nur die für einen überschaubaren Zeitraum eingetretene „Ruhe nach dem Sturm".
So also sah es aus, wenn der kleine Sonderling zu Höchstform auflief?! Alle Achtung! In weniger als drei Minuten sorgte er für Ruhe im Klassenverband und stellte die notwendige Ordnung wieder her. Natürlich erntete er keine Beifallstürme seitens der eigentlich Verantwortlichen. Dafür aber Ärger, Ärger den er sich hätte ersparen können, oder den man ihm hätte ersparen können?!

Prinzipiell werde ich versuchen, Situationen, die ich beschreibe, aus verschiedenen Blickwinkeln zu beleuchten. Schließlich soll dieses Buch keine Hymne für die Rechte der

Autisten werden, sondern zum Nachdenken anregen und dazu animieren, Dinge aus verschiedenen Perspektiven zu beurteilen und zu verstehen. Klar sind die Schilderungen aus dem Alltag von Lukas und mir extrem subjektiv, aber auch für Lukas´ Umwelt gibt es Empathie und Verständnis und im Ergebnis dessen keine pauschalisierte Gegenfront, sondern eine penible Unterteilung der Haupt- und Nebendarsteller

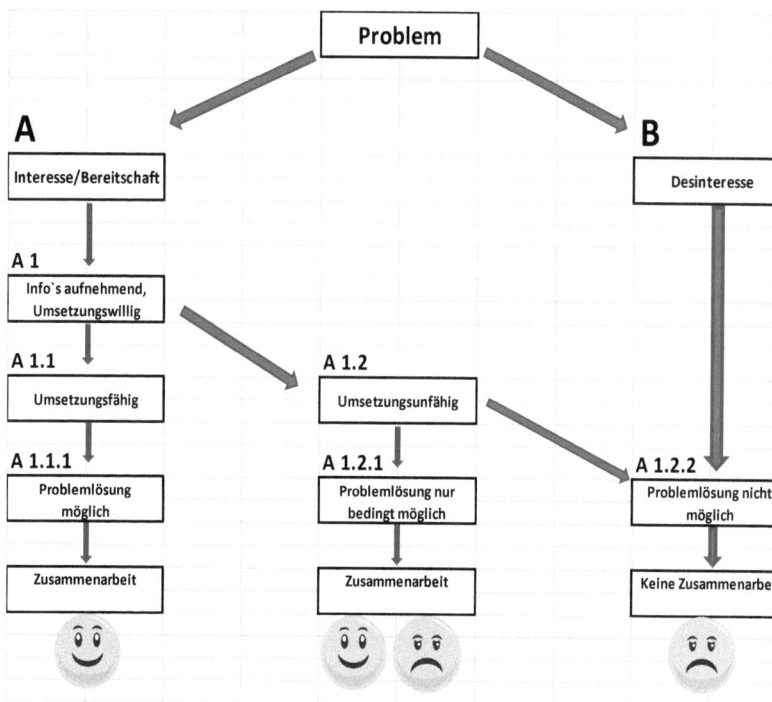

Jedem Leser steht es frei, auf wessen Seite er sich stellt, welche Position er in diesem Ensemble bezieht. Mein Ziel, sich nicht abzuwenden, sich auseinanderzusetzen mit dem „Anderssein" von Menschen, habe ich bereits erreicht, indem der Griff zu diesem Buch erfolgte. Auch wenn der Leser das Buch nach Seite fünf als unbrauchbar ad Acta legt. Immerhin hat er die ersten vier Seiten inhaliert und sich damit die Zuordnung in die Kategorie A1 erarbeitet. Mit dieser Eingruppierung wird ihre Bereitschaft honoriert und eine deutliche Differenzierung zur Fraktion B vorgenommen (auch wenn einige über einen Umweg letztendlich leider doch dort landen)

Ich könnte mich jetzt hemmungslos auslassen über die Vertreter der Kategorie B, ihr Wesen und ihre Charakterzüge beschreiben, sie beurteilen und verurteilen, sie lesen es ja sowieso nicht mehr, denn wir sind bereits auf Seite 18! Aber das ist ja nicht mein Thema und bedient dann auch eher das Klischee „Vorurteile". Also belasse ich es dabei, sie dafür zu bemitleiden, dass sie nicht Willens oder nicht in der Lage sind, über den „Tellerrand hinaus zu schauen" und mit den Augen anderer zu sehen. Sie werden nicht wachsen an neuen Erkenntnissen, nicht erfahren wie bereichernd und interessant es sein kann und wie glücklich es machen kann, andere Menschen in ihrer Individualität zu verstehen und sie zu unterstützen.

Vielleicht tue ich ihnen auch unrecht und sie lesen dieses Buch nicht weiter als bis zur Seite fünf, weil sie ganz einfach nicht dazu in der Lage sind?! Vielleicht hat jemand das Buch entwendet, um es selber zu lesen? Vielleicht hat es jemand versteckt, es kaputt gemacht?! Vielleicht ist der Interessent auch einfach nur des Lesens nicht mächtig?! Für zuletzt genannte Gruppe werde ich natürlich über die Veröffentlichung meiner Lektüre auch als Hörbuch nachdenken!!

3. Kapitel

Das erste Schulhalbjahr

Die Wochen der Hospitation sind vorbei; nun geht es an das Erkennen der Funktionsweise des Lukas Richter und an die Erarbeitung einer entsprechenden Gebrauchsanweisung für den Umgang mit Selbigem. Erste Einblicke in sein Seelenleben konnte ich gewinnen, und nun galt es, ihn an die Hand zu nehmen und gemeinsam mit ihm, den Weg zum Ziel zu gehen.

Ziel für Lukas ist das Absolvieren der Schulzeit und der Erwerb des Schulabschlusses an einer Regelschule. Die Arena für ihn speziell ist der Realschulzweig einer KGS in Niedersachsen. Diese Benennung ist notwendig, da es für andere Bundesländer mitunter andere Regelungen und Gesetze gibt und somit nicht alle Verfahren, die in diesem Buch beschrieben werden, uneingeschränkt anwendbar, übertragbar, beziehungsweise zulässig sind.

Mein Kampfauftrag ist der, ihn zu befähigen, möglichst alleine sein Ziel zu erreichen, ihm nach dem Prinzip „Hilfe zur Selbsthilfe" entsprechende Starthilfe, Fahrplan plus Wegweiser in Richtung Ziel zu sein.

Es war zu erkennen, dass allein meine Anwesenheit einen positiven Effekt auf das korrupte Seelenleben von Lukas hatte. In Situationen, in welchen er es bislang vorzog alle Register der „Fehlverhaltenskartei" zu ziehen, gelang es ihm immer besser, ruhig zu bleiben, seine Anspannung in Ansätzen zu kontrollieren. Die Vermittlung des Gefühls von Sicherheit, gezielte Interventionen, Analysen und Gespräche halfen bei der Stärkung seines Selbstwertgefühls und seines Selbstbewusstseins. Dieses wiederum führte nicht selten zu gemäßigten Reaktionen in Stresssituationen, und auch der Umgang mit Stress auslösenden Faktoren wurde bis zum heutigen Tag zunehmend relaxter und ist zum Teil beeindruckend gereift!

Um nachvollziehen zu können, wie alles begann und welcher Art meine Arbeit war und ist, langweile ich sie im Folgenden mit Auszügen aus meinem Arbeitstagebuch. Teilweise belanglos erscheinende Einträge, waren kleine Puzzleteile und wichtige Grundlage für die Analyse, die Problemerkennung und -bearbeitung. Auch für mich ist es interessant noch einmal zu lesen, wie alles begann!! Viele Dinge waren in Vergessenheit geraten, viele Erfolge als gegeben vorausgesetzt. Wer Lukas heute kennenlernt, würde niemals diesen kleinen kaputten Freak vom Oktober 2011 in ihm sehen! Neue Lehrer, die heute in der Klasse unterrichten, erkennen eher andere Schüler als „Problemfälle". Aber genug der Lobeshymnen, betrachten wir gemeinsam den Weg dorthin.

Beobachtungsphase ca. 3 Wochen (ab 31.10.2011)
Ziel:
-gegenseitiges Kennenlernen
-Einfinden in die neue Situation
-Analyse der Schulsituation
-Hospitation
-Gesprächsrunden (Klassenleiterin, Fachlehrer, Frau
 Richter, Maßnahmeträger, Mitschüler und deren Eltern)
-Heranführen an den Sportunterricht
-Klärung des Toilettenproblems
-Erarbeitung eines Nachteilsausgleiches (5.o.12.12.2011)

Arbeitstagebuch

1.11.2011
Textiles Gestalten
 - gestörte Feinmotorik, arbeitet sehr langsam, hoch
   konzentriert,
 -sehr hoher Anspruch an sich selbst, sehr genau,
   Anspannung hoch
Pausen
-hoher Bewegungsdrang
-Kontaktsuche zu Mitschülern, sehr ungeschickt, plump,

frontal, nur kurzer Aufenthalt auf dem Schulhof möglich
-wieder sehr grob und fast ausschließlich, taktile
Reizsetzungen
Verbale Auswertung der Pausensituationen und geben
von Denkanstößen

3.11.2011
Informatik
-super Auffassung und Umsetzung!!
Physik
-leichte Anspannung, wegen nicht verstandener
Arbeitsaufgabe bei Versuchsausführung
Pausen
-ruhiger, kontrollierter, verhältnismäßig gute Interaktion
1mal gewaschen (Beobachtung bzgl. Waschzwang)

4.11.2011
Sport
-Anwesenheit in der Turnhalle möglich
-ohne Sportsachen und mit der Versicherung, nur
zuschauen zu müssen
-2.Stunde
-Anspannung löst sich etwas
-Lukas bewegt sich- individuelles Ballspiel auf dem Flur
-Kondition und Leistungsbereitschaft sehr gering
-Gespräch mit Lehrerin= sehr kooperativ und
aufgeschlossen!
Vertretungsstunde
-Lukas ist sehr müde
-Leistungsbereitschaft lässt nach, motorische Unruhe
nimmt zu
-Pantomime- Spiel: Lukas mit vollem Körpereinsatz,
ausdrucksvoll, gestikulierend- bis hin zur Entkleidung des
Oberkörpers
Biologie
-arbeitet sehr konzentriert

1mal gewaschen

8.11.2011
Textiles Gestalten
-super Arbeit, arbeitet konzentriert, extrem, fokussiert
 auf die Arbeitsaufgabe
-arbeitet ausdauernd, ohne Pause in sehr hoher Qualität
-arbeitet sehr langsam!

!!! Lukas ist sehr angespannt, weil ich seine
Mathe-Mitschriften sortiert habe!!!

Anmerkung: Lukas hat ein sehr spezielles Ordnungssystem! Arbeitsblätter, die- aus welchem Grund auch immer- nicht sofort einem Hefter zugeordnet werden können, landen in einer Sammelmappe, welche professionell „Postmappe" betitelt wird. Dort verbleiben sie häufig bis zum völligen Verlust der Orientierung innerhalb dieser. Die Absicht einen totalen „Black out" zu verhindern, motivierte mich zu meiner freveligen Tat.
Im Ergebnis sammelte ich für meine gutgemeinte Intervention weder Sympathiepunkte, noch erntete ich ein „Dankeschön". Stattdessen provozierte ich bei meinem Schützling nur Unmut, und mein Tun war Ursache für einen kurzzeitigen enormen Spannungsanstieg bei Lukas!
Ein Fauxpas dieser Art sollte mir bis heute nicht wieder passieren! Ich habe gelernt, andere Ordnungssysteme zu akzeptieren, solange der Betreffende sich darin zurechtfindet und Angebote in Bezug auf Verfahren, die sich aus meiner Berufs-und Lebenserfahrung sinnvoller und effektiver darstellen, diplomatischer und unterschwelliger anzubieten.

9.11.2011
Physik
-extrem laut
-vor dem Raum wird Fußball gespielt

-Lehrerin kommt 10 min zu spät
 -Unruhe überträgt sich in den Unterricht
-Versuchsablauf gut verstanden, Lukas entspannt sich
Mathe
 -Lehrerin zu spät, Vorbereitungszeit entfällt
-vor der Tür wird getobt und geschrien
 -Lukas ist sehr aufgekratzt
 -Anspannung steigt, weil er im Unterricht keine
  Konzentration findet und dem Tempo nicht folgen kann
-Lukas äußert- „gleich zu platzen!!"
Pause
 -ein Schüler versucht, Lukas ein Bein zu stellen
 -Lukas reagiert blitzschnell, greift den Schüler kurz an,
  beruhigt sich aber gleich wieder …

11.11.2011
 Sport
 -Lukas geht mit in die Halle
 -zieht sich in der Umkleide Turnschuhe an
 -er ist bereit, separat Ballspiel
  (verschiedene Variationen) mit zu machen
 -ist nach kurzer Zeit sehr geschafft
 -nach ca. 5 min Bewegung jammert er über Schmerzen
  und Luftnot
POSITIV! Die Bereitschaft wächst! Lukas erhält
entsprechendes Feedback!
Pause
-Lukas ist sehr, sehr unruhig
-ungeschickte, poltrige und schlecht steuerbare
 Interaktion
-recht ungehalten, nicht zu bremsen, reagiert nicht auf
 Ansprache

16.11.2011
 4. und 5. Stunde
 Kirchgang „Buß- und Bettag"

-extreme Anspannung bei Lukas!! Er rollt mit den Augen, spricht nicht,
-Blinzeltic verstärkt
-Ankündigung der Veranstaltung sehr kurzfristig
-Kirche an sich ist nix für Lukas
-Lukas erhält das Angebot, in der Schule bleiben zu können und von mir betreut zu werden.
Gespräch
-Animation zum Gang zur Kirche
  Lukas überwindet sich und hält gut durch! LOB!!
-erhöhte Anspannung anschließend spürbar
Religion
-Vertretung
-Lukas kann Anspannung nicht halten, muss den Raum verlassen
-Pausenhof: rennt, schreit, tobt, legt sich dann „schlafend" auf die Mauer
-ca. 5 min später ist er wieder ansprechbar und kann am Unterricht teilnehmen
-arbeitet trotz großer Unruhe im Klassenverband

18.11.2011
Sport
LUKAS NIMMT AM UNTERRICHT IM GRUPPENVERBAND TEIL!!!
-Fangspiel
-Balancieren! Hockwende, Sprünge von der Bank, Standwaage
-Spiel
-Lukas musste zugeben, dass es gar nicht soooo schlecht war!
Beobachtung, Hilfestellung und sehr enge Begleitung permanent notwendig und geduldet
Mathe
-Lehrerin zu spät
-Klasse tobt

-in dieses Chaos hinein singt Lukas laut die
  Nationalhymne!
-Lukas ist stark angespannt, aber
  nicht bereit, die Situation in meiner Begleitung zu
  verlassen, um „runter" zu kommen
-Lukas „rettet" sich durch die Stunde
-Schriftbild sehr schlecht!!
Pause
-sucht permanent nach unbeobachteten „Freiräumen"
-lückenloser Blickkontakt notwendig
Informatik
-Aufgabe: selbstständiges Erstellen einer Präsentation,
  selbstgewähltes Thema!
-selbstständige Themenfindung und Strukturierung für
  Lukas nicht machbar!
-Lukas „verrennt" sich, Anspannung steigt
-Lukas braucht mehr Zeit
-Gespräch mit Fachlehrer geführt
-Strukturierungshilfe durch Schulbegleitung und
 Speicherung auf einem Stick sind möglich

25.11.2011
Sport
-Lukas nimmt von Anfang bis Ende am Unterricht teil!!
-bewältigt auch Aufgaben, von denen er glaubte, ihnen
  nicht gewachsen zu sein.
-Lukas freut sich über seine Leistung, versucht es aber zu
  verbergen und ist sehr darauf bedacht, es nicht
  zuzugeben!

So verfliegen die Wochen und erste kleine Erfolge stellen sich
bereits ein. Die Zusammenarbeit mit den meisten Lehrern ist
gut. Immer wieder Suche ich den Kontakt, um für Lukas ein
Umfeld zu schaffen, welches ihm einen weitestgehend stress-
armen Schulalltag ermöglicht. Unermüdlicher Mitstreiter in

diesem Bemühen ist die Klassenlehrerin. Gemeinsam besprechen wir auftretende Probleme und Möglichkeiten zur Lösung dieser. Schnell kommt es zur Erarbeitung eines Nachteilsausgleiches.

Dieser hat das Ziel, behinderungsbedingte Einschränkungen auszugleichen und Bedingungen zu schaffen, die es möglich machen, auf vergleichbarer Ebene mit nichtbehinderten Mitschülern zu arbeiten. Er ist Grundlage dafür, dass entsprechender Schüler sein Leistungsvermögen abrufen und ausschöpfen kann. Ein Nachteilsausgleich muss immer individuell erarbeitet werden und den speziellen Defiziten gerecht werden. Er kommt auch bei Kindern mit einer LRS (Lese-Rechtschreib-Schwäche), bei einer Dyskalkulie (Rechenschwäche) und anderen Störungen zur Anwendung.

Der Nachteilsausgleich ist ein wichtiges Element für die Arbeit der Pädagogen und unabdingbare Voraussetzung für die erfolgreiche Entwicklung des entsprechenden Kindes. Noch zu selten wird dieser mit der notwendigen Ernsthaftigkeit und Gewissenhaftigkeit erarbeitet, von der Qualität der Umsetzung durch die Pädagogen in allen Unterrichtsfächern ganz zu schweigen!

Im Werben um Verständnis für die Seelenwelt eines kleinen Sonderlings und im Kampf darum, seine Rechte durchzusetzen, ließen wir uns nicht beirren. Im Interesse von Lukas suchte auch die Klassenlehrerin stets den Kontakt zu ihren Kollegen, informierte und sensibilisierte. Im Umgang mit Lukas engagierte sie sich, ohne ihn zu bevorzugen, war authentisch und konsequent, scheute dabei auch nicht die Auseinandersetzung mit ihm, wenn es Meinungsverschiedenheiten gab.

Mein Verhältnis zu Lukas war damals ein ganz anderes als das, was es heute ist! Anfänglich war auch ich sehr angespannt in meiner neuen Rolle. Es gelang uns auch nicht immer, konstruktive Gespräche zu führen. Mein Denken auf der Gefühlsebene und daraus resultierende Gesprächsgrundlagen prallten oft an Lukas ab. Grund dafür war die behinderungsbedingte Unfähigkeit zur Empathie. Ich musste lernen, zum Teil verletzende Reaktionen von ihm, nicht persönlich zu nehmen.

Ein hilfreicher „Puffer" und „Übersetzer" bei Verständigungsproblemen war und ist die Förderschullehrerin, welche uns bis heute unterstützt. Einmal wöchentlich war sie für Lukas und mich der Seelenmülleimer und nicht selten die Vermittlerin zwischen allen beteiligten Parteien. Heute ist die Symbiose zwischen Lukas und mir so gefestigt, dass es keiner Intervention seitens unserer „Paartherapeutin" mehr bedarf! Dennoch ist sie nicht arbeitslos, nur haben sich die für sie zu bearbeitenden Problemfelder geändert.

Oft war ich nach sechs Stunden Schule und fünf!!! damit verbundenen Pausen vollkommen erschlagen. Weiterbildungen, welche ich ausnahmslos nutzte, und Gespräche mit anderen Schulbegleitungen bei Dienstberatungen gaben mir mehr und mehr Sicherheit und das Gefühl, auf dem richtigen Weg zu sein. So wenig wie möglich „belästigte" ich meinen Arbeitgeber mit Aufgaben oder Problemen aus meinem Arbeitsbereich. Ich versuchte, anstehende Dinge selbst zu regeln, Zusammenkünfte zu organisieren, Gespräche zu führen, zu koordinieren und meine Arbeit hundertprozentig, zielgerichtet und erfolgsorientiert zu gestalten. Während die Klassenlehrerin die Zügel in der Schule in der Hand hielt, bemühte ich mich um die Vernetzung von Elternhaus, Jugendamt und Maßnahmeträger.

Das erste Halbjahr verging schnell und brachte grundlegende Erkenntnisse.

Ursachen für Anspannung:
-Sitzplatz (Platzbedarf, Platznachbarn)
-Unterforderung, Langeweile
-mangelnde, aufgeweichte Strukturen
-umfangreiche, unstrukturierte Aufgabenstellungen

- Fragestellungen wie: Erkläre! Beschreibe! Gib mit
  eigenen Worten wieder! Spekulationsaufgaben: Stell dir
  vor! Was wäre, wenn?
- unpünktlicher Unterrichtsbeginn
- Fach-/ Lehrerbezogene Anspannung (Kunst, Musik,
  Englisch, Sport, Religion)
- Zeitdruck
- Entscheidungsfragen
- Unruhe im Unterricht
- Das „Absetzen müssen" seines Base-Caps
  führten teilweise zur totalen Blockierung, deren Folge
  extreme Verhaltensweisen waren.

Lukas selbst erkannte den Ursache- Wirkungsmechanismus
nicht, war deshalb auch nicht in der Lage, rechtzeitig zu agieren. Er war so gefangen in seinen Ängsten, dass er nicht wahrnehmen konnte, was mit ihm, wann und warum passierte. Erst
recht gelang es ihm nicht, Strategien zu entwickeln, die es ihm
möglich machten, diesen Teufelskreis zu durchbrechen.

Mangelndes Selbstbewusstsein und Selbstwertgefühl führten zudem dazu, dass er zwar strikte Prinzipien, Normen und
Standpunkte für sich hatte, die aber für andere nicht verbali-
sieren und gegenüber anderen nicht in geeigneter Form vertreten konnte. Kam er in Situationen, die er befürchtete nicht
bewältigen zu können, die ihm Angst machten, oder forderte
man von ihm Dinge, zu welchen er prinzipiell nicht bereit war,
wählte er den Weg der Konfrontation, gemäß dem Motto
„Angriff ist die beste Verteidigung". Er blockierte sofort und
reagierte impulsiv und unkontrolliert.

In der Auswertung derartiger Situationen, war er nicht in
der Lage, eigene Verhaltensweisen zu analysieren und zu be-
gründen. Er wusste nicht, wie es anders gehen sollte. Zudem
hatte er so viele Tiefschläge hinnehmen müssen, dass er die
Rolle des Bösewichts für sich angenommen hatte und diese
mit Hingabe ausfüllte, denn das tat er richtig und erwartungs-
gemäß.

So berichtete die Religionslehrerin dass sie ihn in ihrer ersten Unterrichtsstunde in dieser Klasse auf dem Boden liegend, strampelnd und lautstark rufend: „Ich bin der Gurkenexaminator!" kennenlernte. Auch war ihr eine andere Begebenheit in Erinnerung geblieben, bei welcher Lukas die Bestrafung eines störenden Schülers vollzog, indem er ihm demonstrativ eine Bibel auf den Kopf schlug.

Die eigentlichen Erwartungen an ihn konnte er unter gegebenen Umständen nicht erfüllen, aber die Darstellung des Trolls gab ihm Sicherheit und das Gefühl des Sieges über seine Ängste. Entsprechend folgende Konsequenzen und Maßregelungen nahm er hin und geriet so immer mehr in einen Teufelskreis von Unsicherheit, Ängsten und Fehlverhalten, und das Gefühl nichts zu können, nichts wert zu sein verfestigte sich zunehmend in ihm.

Ständiger Halt ist und war sein Elternhaus, eine Mutter die an eigene Grenzen ging und unter allen Umständen zu ihrem Kind hielt, für es da war, für seine Rechte kämpfte und sich für das Glück ihres Kindes einsetzte. Sie war sehr dankbar, für die Hilfe die ihrem Lukas nun zuteilwurde und stets aktiver Teil des Netzwerkes, welches sich langsam um den kleinen Außenseiter schloss.

Aus meiner Sicht betrachtet gehört eigentlich enorm viel Charakter und Mut dazu, seine Standpunkte wie Lukas es tat, darzustellen und vor allem zu verteidigen. Es ist legitim, auch mal gegen den Strom zu schwimmen, nicht immer nur den Weg des geringsten Widerstandes, der heute zumeist favorisiert wird, zu gehen. Mir persönlich sind die Rebellen und Meinungsvertreter wesentlich näher und liebenswerter, als die Duckmäuser und Wendehälse. Die Eigenschaft, authentisch zu sein, empfand ich nicht als bearbeitungswert, im Gegenteil; jedoch galt es an dem „Wie", an der Art und Weise der Interessenvertretung zu feilen. Also ran an die Arbeit und diese vorhandene Energie und charakterliche Stärke in positive Bahnen gelenkt. Das Ziel war klar, aber der Weg dahin weit und beschwerlich?!

Sehr viel Fingerspitzengefühl und Empathie waren gefragt, um Konfliktursachen für Lukas erkennbar zu machen und Konfliktvermeidungs- und Konfliktlösungsstrategien mit ihm zu entwickeln. Diese waren unabdingbar für die Entschärfung angstauslösender Momente und somit auch Voraussetzung für die Möglichkeit, angemessen reagieren zu können. Die Vermittlung des Gefühls von Sicherheit stand dabei an erster Stelle.

Jede Unterrichtsstunde saß ich neben ihm. Zeigte ihm durch eigenes Tun, wie es richtig geht, was wichtig, was nebensächlich war. Jedes Tafelbild schrieb ich mit, beteiligte mich -ihn aus dem Augenwinkel ununterbrochen beobachtend- gedanklich an jeder Unterrichtsstunde. Ich zeichnete Geraden, Strecken, maß Winkel, konstruierte geometrische Figuren, schrieb Noten, lernte Liedertexte, Englischvokabeln, formulierte Berichte und, und, und. Spürte ich, dass er abgelenkt war, holte ich ihn durch gezielte Fragen zum aktuellen Thema zurück. Bei erkennbaren Schwierigkeiten bezüglich einer Aufgabenstellung, erhielt Lukas sofort Hilfe, indem ich so tat, als hätte ich Schwierigkeiten mit der Lösung und ihn fragte, aber die Aufgabe eben anders formulierte. Arbeitsblätter wurden -so die Lehrer mitspielten- vorab auf Lukastauglichkeit geprüft und gegebenenfalls von mir nach dem Schloss- Schlüsselprinzip bearbeitet. Jederzeit bestand die Möglichkeit separat zu arbeiten, wenn Lukas Probleme im aktuellen Umfeld hatte.

Auf direkte Hilfe konnte und kann er sich nur schwer einlassen. Prinzipiell wurde und wird alles erst einmal in Frage gestellt, ob es nun Zeitungsberichte, Reportagen im Fernsehen, Aussagen der Schulbegleiterin, oder gar Behauptungen der Mutter sind. Letztere kursiert in seiner Glaubwürdigkeitsliste so ziemlich an letzter Stelle. Grund dafür ist für Lukas die Tatsache, dass seine Mutter bereits „sehr alt" ist und ihr

Schulbesuch schon längere Zeit zurück liegt. Nur Molly und Lucky scheinen ihm unglaubwürdiger. Wobei er sich bei der Eingruppierung seiner Haustiere nicht wirklich verbindlich festlegen möchte. Auf Nachfrage räumt er die Möglichkeit ein, dass das was Tiere sagen würden, wenn sie sprechen könnten, eventuell wesentlich vertrauenswürdiger wäre, als entsprechende Aussagen von Menschen. Womit er wahrscheinlich gar nicht so falsch liegt?!

Die Tatsache, nur schwer Vertrauen zu können, hatte auch Bedeutung für die Erledigung der Hausaufgaben. Dieses Thema war immer ein besonders „Reizvolles" im wahrsten Sinne des Wortes! Eine Kusine von Lukas hatte sich dieser Herausforderung gestellt und verbrachte viele Nachmittage mit der erwartungsgemäßen Erfüllung dieser Aufgabe. Sie war in Lukas Augen befähigt dazu, weil sie zum Einen der jüngeren Generation angehörte und zum Anderen noch die Schule besuchte, um Erzieherin zu werden. Letztere Tatsache war tatsächlich von entscheidendem Vorteil für sie und ihn. Auf seine Art und Weise, mit zahlreichen Unterbrechungen (toben, randalieren, im Zimmer verschwinden, oder ähnlichen Aktivitäten) erledigte er unter ihrer Anleitung und Betreuung die anstehenden Aufgaben, lernte für Klassenarbeiten und war so immer gut auf den Unterricht vorbereitet. Das war für das stressfreie Lernen in der Schule eine wichtige Voraussetzung. Was ihn also im Ergebnis entspannter machte, dürfte allerdings bei seiner Kusine eher zur gegenteiligen Gemütslage geführt haben!

Ein weiteres großes Thema, welches für unsere Zusammenarbeit erkennbar wurde, war die soziale Interaktion.

Zu viele Reize im Pausengeschehen, mangelnde Empathie, gepaart mit der Unkenntnis und dem praktischen Unvermögen, zwischenmenschliche Beziehungen zu gestalten und einer daraus resultierenden Unsicherheit und Angst, konnten im Ergebnis nur zerstörerischen Charakter haben. Nahziel diesbezüglich war das Ende der Isolation.

Schon in der Anfangsphase war das bundesdeutsche Bildungssystem für mich, als in der DDR ausgebildete Unterstufenlehrerin und Erzieherin, nur schwer zu ertragen. Das erste Mal konkret damit konfrontiert, kostete es oft sehr viel Beherrschung- Kommentare zu unterlassen, keine Lösungsmöglichkeiten anzubieten und Situationen so zuzulassen, wie sie waren, ohne einzugreifen. Anfänglich war ich entsetzt von der Respektlosigkeit der Schüler gegenüber den Lehrern und im Gegenzug vom gelassenen Umgang der Lehrkräfte damit. Respekt und Achtung vor Erwachsenen im Allgemeinen sind vielen fremd. Umgangsformen, wie das Grüßen, das Verwenden der Wörter „Bitte" und „Danke", das Wahrnehmen anderer und das Respektieren derer Bedürfnisse, das Füreinander und Miteinander und der achtsame und sorgsame Umgang mit eigenen und auch fremden Gegenständen vermisse ich. Stattdessen ist es üblich, auf den Sitzflächen von Stühlen und Bänken mit den Füßen zu stehen, Tische zu bemalen, Federtaschen durch den Raum zu werfen, teure Jacken auf dem Boden hin und her zu schießen. Egal was auf dem Boden liegt, es wird nicht aufmerksam aufgehoben, sondern es wird bestenfalls ignoriert, meistens aber wird -mit dem Ziel der Zerstörung- bewusst darauf rumgetrampelt. Arbeitsmaterialien anderer werden nicht geachtet; sie dienen als Spielball, egal ob der Eigentümer zustimmt oder nicht. Den Anordnungen von Lehrern wird sich bewusst widersetzt, es wird diskutiert, getobt, entgegen allgemein gültiger Normen lautstark geschwatzt, geschrien, gekreischt, geschubst, gerempelt, getreten... Für mich erschreckende und nur schwer ertragbare Zustände. Häufig fühlte ich mich meinem Gewissen gegenüber verpflichtet einzugreifen, musste aber lernen, dass diese Umstände gewollter Maßstab in der heutigen Bildungspolitik sind, es außerhalb meines Kompetenzbereiches liegt, und es nicht erwünscht ist, regulierend einzugreifen. Anfänglich raubte mir die Akzeptanz dieser Tatsache mindestens genauso viel Nerven, wie die psychisch belastende Analyse des kleinen Freaks.

Auf diese Problematik komme ich mit Sicherheit auch auf den folgenden Seiten zurück, da sie mich in unterschiedlicher Form in meiner Arbeit bis heute begleitet. Um nicht zu viel vorweg zu nehmen und Erkenntnisse und Befindlichkeiten der heutigen Zeit in die Anfangsphase zu schummeln, breche ich die Berichterstattung an dieser Stelle ab und komme zu gegebener Zeit darauf zurück.

Ziel meiner Ausführungen bis dahin war es, dem Leser nachvollziehbar darzustellen, welche Erkenntnisse gewonnen wurden und wie es um meine Gefühlslage zur damaligen Zeit bestellt war. Da waren zum einen die allgemeinen Bedingungen und Gegebenheiten mit denen ich zu kämpfen hatte, da sie absolut nicht in mein Bild von Bildung und Erziehung passten und zum anderen die ständige Anspannung bezüglich Lukas´ Verhalten. Da war ständig das Gefühl, Fehlverhalten verhindern zu müssen, um ihm weitere Misserfolg- Erlebnisse zu ersparen und dementsprechend der Anspruch pausenlos auf der Hut zu sein, Veränderungen bei ihm wahrzunehmen, um rechtzeitig intervenieren zu können.

Abgesehen von eigenen Befindlichkeiten, wurden für Lukas notwendige Voraussetzungen erarbeitet, im Rahmen des bereits thematisierten Nachteilsausgleiches schriftlich fixiert und von der Klassenkonferenz für alle verbindlich abgesegnet. Nicht nur für mich war die Arbeit an und mit einem Nachteilsausgleich neu. Für meine Zuarbeit nutzte ich alle mir zur Verfügung stehenden Informationsquellen. Interessiert las ich im Internet, hielt Rücksprache mit unserer Koordinatorin, welche in dieser Arbeit weitaus mehr Erfahrungen hatte als ich, erarbeitete Infomaterial für die Lehrer und warb um Ihre Bereitschaft zur Mitarbeit. Wichtige Grundlage waren auch die gewonnenen Erkenntnisse aus meiner Zusammenarbeit mit Lukas und das Wissen über behinderungstypische Defizite.

Nun galt es, all dieses umzusetzen. Erstaunlicherweise stellte das und die von mir erhoffte zielgerichtete Zusammenarbeit für einige Lehrkräfte ein größeres Problem dar als erwartet. Ursachen dafür waren unterschiedlicher Natur und gemessen an dem Stand vom siebten Schuljahr befand sich rückblickend die schlechte Zusammenarbeit zwischen Lehrern und Schulbegleitung noch in den Kinderschuhen.

War anfänglich meist Unsicherheit aufgrund von Unkenntnis oder Unfähigkeit, Ursache für eine schleppende Umsetzung des Gedanken der Inklusion, so waren es später zunehmend Unwille und mangelnde räumliche, organisatorische und zeitliche Voraussetzungen, welche das Gelingen erschwerte. (Aber darauf komme ich unweigerlich in weiteren Kapiteln zurück!)

Auch hinderlich für die Entwicklung von Lukas waren die Vertreter der Meinung, dass das Ergreifen (besonderer) Maßnahmen für einen anerkannt behinderten Menschen eine Sonderbehandlung und Bevorzugung darstelle. Diese waren - aus ihrem falschen Gerechtigkeitssinn heraus- nicht bereit, sich auf die Problematik ASS einzulassen und geschweige denn, Lukas bei seiner Zielerreichung zu unterstützen. Ich stellte mir oft die Frage, ob sie bei körperlich behinderten Schülern gleiche Gedanken hegten?! Positiv betrachtet konnte sich Lukas in diesem Fall glücklich schätzen, laufen zu können! Einen Rollstuhl hätte man sicher nicht zulassen können?! Wie ist es mit dem Tragen einer Brille bei vorhandener Sehstörung? Ist es vertretbar, andere Bewertungsmaßstäbe anzulegen, wenn ein Schüler aufgrund einer Sprachstörung keine Gedichte aufsagen kann? Ist es gerecht, dass bei einem stummen Schüler das Singen von Liedern nicht bewertet wird? Dürfen Schwerhörige ein Hörgerät tragen??...

Natürlich sind diese Fragen überspitzt, aber in der Übertreibung liegt ja bekanntlich die Anschauung! Kein Mensch käme auf die Idee, in genannten Beispielen Hilfe und Unterstützung zu versagen. Warum tut man sich dann so schwer, wenn es um seelische Behinderungen geht? Warum ist man nicht bereit sich darauf einzulassen, sich zu informieren und zu kooperieren? Warum plädiert man weiterhin dafür Kinder mit zum Teil überdurchschnittlicher Intelligenz und Inselbegabungen in Förderschulen zu unterrichten und versagt ihnen somit die Möglichkeit eines adäquaten Schulabschlusses?

Aber ich bin schon wieder zu weit, so konkret hätte ich die Problematik damals gar nicht formulieren und erkennen können. Abschließend kann ich mir jedoch an dieser Stelle den Vergleich zur Medizin nicht verkneifen, in welcher derartig ablehnendes und unwilliges Verhalten unter die Rubrik „Unterlassene Hilfeleistung" fällt und somit strafbar wäre. Die Staatsbediensteten im Bildungssystem brauchen derartige „Repressalien" nicht mal ansatzweise zu fürchten!

Eine dritte Gruppe war die, welche grundsätzlich für die Förderung waren, meine Anwesenheit nutzten und begrüßten, oft Fragen stellten, aber im Ergebnis dessen trotzdem nicht in der Lage waren, Zusammenhänge zu verstehen und entsprechende Maßnahmen zu ergreifen. Die Vertreter dieser Fraktion waren im Grunde froh und voller Hoffnung, ihre Verantwortung an mich abgeben zu können, ohne zu erkennen, dass ich eben nicht das Kindermädchen bin und das Ziel meiner Arbeit ein ganz anderes ist.

Zum Glück gab es aber auch noch die Gruppe derjenigen, die ihrer Verantwortung als Pädagogen gerecht wurden, sich der Problematik annahmen, notwendige Voraussetzungen schafften, mit mir im Austausch standen, meine Anwesenheit als Hilfe betrachteten und so im Umgang mit Lukas sicherer wurden und positiv zu seiner Entwicklung beitrugen. Es war zu beobachten, dass viele Kollegen zu dieser Gruppe gehörten, welche im eigenen Bekannten-, Freundes- oder Familienkreis mit „Anderssein" und damit verbundenen Schwierigkeiten konfrontiert waren.
Bis zum Ende des sechsten Schuljahres konnten wir erste Erfolge verzeichnen. Lukas kam regelmäßig zur Schule, wenn auch nicht immer pünktlich. Daran musste gearbeitet werden, denn jeder kennt das Gefühl, wenn man zu spät kommt und

die Blicke aller Anwesenden erwartungsvoll auf einen gerichtet sind, das Gefühl am liebsten im Boden versinken zu wollen oder unsichtbar zu sein. Auch für Lukas war das verspätete Erscheinen nicht angenehm und ein möglicher Auslöser für einen Spannungsanstieg. Alles in allem also kein guter Start, wenn man das Erreichen eines stressfreien Schultages im Visier hat.

Glücklicherweise konnte Lukas dieser Argumentation folgen und sie annehmen, als es um die Einführung der Uhrzeit 7:50 Uhr als neue Zielankunftszeit ging. Mit der Vorbildwirkung der Lehrer konnte ich in diesem Zusammenhang nicht hausieren. Oft war Lukas selbst bei fünf minütiger Verspätung noch vor der verantwortlichen Lehrkraft am Ort des Geschehens! Vielleicht war es auch deshalb ein sehr langwieriger Prozess, bis sich die neue Startzeit durchsetzen konnte.

Zudem kam auch das Problem, dass Lukas vom Biorhythmus her eine „Eule" ist und bei jeder sich bietenden Möglichkeit, sei es ein Wochenende oder Ferien, die Nacht zum Tag macht und im Anschluss dessen nur schwer in einen von der Sonne bestimmten Tag- Nachtrhythmus zurückkehren kann. (Heute ist er unter akutem Schlafmangel leidend oft ausgeglichener und verträglicher als ausgeschlafen!!)

Die aktive Teilnahme am Sportunterricht war das größte Highlight des ersten Arbeitsabschnittes! Wenn auch noch sehr unsicher und mit sehr naher Begleitung stand er, Lukas Richter, mit Turnschuhen, Jogginghose und Sportshirt bekleidet zum Beginn jeder Unterrichtsstunde im Begrüßungskreis. Anfänglich noch mit Cap, später dann sogar auch ohne dieses! Seine Schulmappe und andere Begleittaschen wurden von ihm in der Turnhalle gut sichtbar deponiert und standen unter meinem persönlichen Schutz. Diese Utensilien im Umkleideraum zu lagern war für Lukas unmöglich. Unter Berücksichtigung und Akzeptanz dieser besonderen Umstände war es Lukas seitens der Sportlehrerin jederzeit freigestellt, individuelle Pausen einzulegen, oder bestimmte Übungen auszulassen, beziehungsweise so abzuwandeln, dass sie für ihn machbar waren. Außerdem fand bei der Bewertung von Leistungen eine Gewichtung in Richtung Leistungsbereitschaft, anstatt Ausführung statt. Auch das Entgegenkommen seitens der Schule bezüglich des Schwimmunterrichts veranlasste Lukas seine Leistungsbereitschaft zu bekunden. Er selbst hatte formuliert, in einer anderen Gruppe am Sportunterricht teilnehmen zu wollen, während seine eigentliche Sportgruppe in der Schwimmhalle für Olympia trainierte. Ziel war es Lukas bei der Stange zu halten, ihm Spaß an der Bewegung zu vermitteln und die gestörte Grobmotorik in Richtung physiologischer Bewegungsabläufe zu schulen. Lukas war auf jeden Fall am Ende der sechsten Klasse auf dem richtigen Weg, erste Schritte waren geschafft.

Sogar an den Winter- und Sommerspielen der Schule nahm Lukas teil. Beschränkte sich diese Teilnahme im Winter noch auf die pure Anwesenheit, ließ er sich im Sommer bereits in den Kader der Völkerballmannschaft aufnehmen und war in seiner Funktion als Ersatzspieler am Spielfeldrand ein wichtiges Glied in der Kette! Wenn er auch nicht zum Einsatz kam, so verfolgte er jedoch aufmerksam alle Spiele seiner Mannschaft und verdingte sich als Teambetreuer. Bei genauerem Hinsehen konnte er eine gewisse Freude an der Sache nicht verbergen, aber natürlich überhaupt nicht zugeben!

Im Englischunterricht fand er zwar wieder den Anschluss, aber keine Freude.

Unterrichtsinhalte im Fach Religion forderten Lukas nicht wirklich. Nur einer tollen Lehrerin, die bei Lukas viele Sympathiepunkte sammeln konnte, ist die Tatsache zu verdanken, dass sich Lukas auf das Thema „Kirche" einlassen konnte und sich um eine aktive Teilnahme am Unterricht bemühte, wenn auch nicht immer in erwarteter Form. Das Kennenlernen in bereits beschriebener Form lag Wochen zurück. Alle Gurken waren eliminiert, und Lukas bevorzugte mittlerweile das Sitzen auf dem Stuhl. Wie alle anderen Schüler, hatte auch er die Aufgabe, über mehrere Wochen einen Kirchenführer zu erarbeiten.

Jeder erhielt ein Arbeitsblatt mit Symbolen der Kirche und Erklärungen zu deren Bedeutung. Im Anschluss dessen wurde in jeder Stunde ein Symbol der Kirche besprochen. Lukas beteiligte sich lebhaft und brachte häufig interessante und vom gängigen Meinungsbild abweichende Gedanken ins Spiel. Dankbar wurden diese von der Lehrerin aufgegriffen und führten nicht selten zu interessanten Gesprächen und zu einer Erweiterung des Blickwinkels auf bestimmte Dinge und Situationen bei allen Beteiligten.

Den Abschluss einer Unterrichtseinheit bildete dann jeweils die selbstständige Gestaltung einer Seite des Kirchenführers, der im Ergebnis einen Leitfaden für Kirchgänger darstellen sollte. So fand zum Beispiel das Kreuz einen Platz im Heft. Außerdem gab es ein Bild und die Beschreibung der Funktion eines Taufbeckens. Auch fand man Wissenswertes über den Altar und die Taufkerze in diesem Wegweiser. Im Unterricht nicht bewältigte Gestaltungsaufgaben waren fortlaufend als Hausaufgabe fertigzustellen.

Konnte ich bei Lukas anfänglich beobachten, dass er nur zögerlich, sehr langsam und freudlos an seinem Exemplar arbeitete, erstaunte mich sein plötzlicher Energiegewinn, sein konzentriertes und pausenloses Arbeiten in den letzten Stunden bis zur Fertigstellung. Lukas schrieb und schrieb, füllte Seite für Seite, benötigte sogar einen „Nachschlag" an Gestaltungsmateriel (Letzteres hatte nicht unbedingt mit der Menge, sondern eher mit der Größe seiner Hieroglyphen zu tun), schien Feuer und Flamme für das Projekt zu sein. Rechtzeitig zum Abgabetermin stellte Lukas Richter sein umfassendes Werk fertig. In schlecht bis gar nicht leserlicher Form, sehr umfangreich und voller Ideenreichtum präsentierte er seinen „KÜCHENFÜHRER"!! Dieser beinhaltete unter Anderem lustige Geschichten vom Saufbecken, der Oma- Kerze und viele praktische Küchentipps rund ums Kreuz. Bereits auf der ersten Seite verwies er auf Besonderheiten seiner Lektüre und versuchte dem Leser zu vermitteln, was ihn erwartete.

Zitat:

„Hallo,

Sie fragen sich sicherlich: „Was ist das für ein komisches Buch???" Nun, dazu können wir nur sagen: „Wieso lesen Sie, anstatt Fern zu sehen???".

Dieser Küchenführer soll Ihnen die altertümliche Küche etwas näher bringen und Ihnen eine Menge unnütze Informationen liefern. In diesem Buch gibt es keine Rezepte.

Wir wissen, dass das Inhaltsverzeichnis normalerweise als erstes dran kommt, aber hier nicht."

Der Küchenführer war bei der Erstkonsumierung ein ziemlicher Schock, bestach jedoch durch Ideenreichtum, Wortwahl und Witz. Noch heute wird mit Insidern tränenreich gelacht, wenn das Gespräch auf diese erbrachte Fehlleistung kommt. Damals aber durften wir uns die Freude darüber natürlich nicht anmerken lassen. Im Ergebnis gemeinsamer Beratungen von Klassenleiterin, Religionslehrerin und mir wurde es Lukas angeboten, sein Kunstwerk entsprechend geforderter Inhalte zu überarbeiten, beziehungsweise neu zu erstellen, um eine gute Zensur zu erhalten. Diese Chance ergriff er diskussionslos.

Nun folgende Auszüge aus dem Küchenführer- als schöpferische Meisterleistung- sind sinngemäß, da mir die Entschlüsselung einiger Textinhalte nicht gelungen ist und Lukas sich „nicht erinnern" kann. Lukas mag es, „sich nicht erinnern" zu können. Oft betrifft es sogar Dinge, die erst in kurzer Vergangenheit stattfanden. Auf Fragen danach, wie er den Nachmittag des Vortages verbracht hat, oder was es zum Essen gab, folgt standardgemäß die Antwort:" Weiß nicht mehr, ist schon so lange her." Nur mit geschickten Fragestellungen kann man ihn quasi überlisten, zur Inbetriebnahme des Gedächtnisapparates animieren und ihm eine Antwort entlocken.

Hier nun ein paar „Kostproben"….

Das Kreuz

Heutzutage werden Kreuze hauptsächlich für Obst und

Gemüse benutzt. In jeder Küche finden wir Kreuze an der Wand, am Vorratsschrank, aber auch im Gemüselager Oder neben der Geschirrspülmaschine. Das Kreuz ist wichtig für Köche die frisch, bzw. mit „abgestandenen" Aroma kochen möchten. Zuerst tötet man das Tier mit einem Stromschlag, damit es nicht leiden muss, dann hängt man es ein paar Stunden ans Kreuz, damit das Blut in einen Eimer unter dem Kreuz tropft. Für gewöhnlich wird das Tier anschließend abgehängt und zerteilt. Aber manche mögen das abgestandene Aroma und lassen das Tier deshalb ein paar Tage hängen. Für gewöhnlich werden Hühner verwendet.

Es gibt verschiedene Kreuze. Kreuze können aus Holz bestehen, aus Metall sein sie können auch auf Töpfen aufgemalt sein….

Das Saufbecken

Das Saufbecken befindet sich meistens im Keller. Manchmal steht es aber auch am Eingang, damit jeder Erwachsene seinen Kopf einmal eintauchen kann. Bei Einer sogenannten „Saufe" (nicht mit einer Sauferei verwechseln!) tunkt jemand der in einen „Freundeskreis der Säufer" eintreten will seinen Kopf in das Saufbecken und nimmt einen ordentlichen Schluck. Damit schwört er nie einem anderen Freundeskreis beizutreten und ist somit ein Mitglied des jeweiligen Freundeskreises. Dieses Ritual wird meistens bei Männern durchgeführt, weil Frauen eher selten in einem Freundeskreis sind…

Die Gewölbebemalung

Früher, als es noch keinen Fernseher gab, malte man sich Geschichten an die Wände, damit das Essen nicht so langweilig war. Dieses wurde aber durch die Erfindung des Fernsehers überflüssig, deshalb wurden die Malereien wieder übermalt…

Ende

Hoch brisant war auch das Fach Mathematik. Innerhalb eines Schuljahres präsentierte sich nach den Osterferien bereits die dritte Lehrerin. Zeichnete sich ihre Vorgängerin dadurch aus, dass sie sehr zielgerichtet und strukturiert arbeitete, von den Schülern Disziplin und Leistungsbereitschaft forderte und somit nach der Phase des Kennenlernens und der Einarbeitung eine gesunde und produktive Arbeitsatmosphäre schaffte, so war die Arbeitsweise und Arbeitsatmosphäre der Neuen kurz, als das komplette Gegenteil zu beschreiben.

Für Lukas, der prinzipiell Probleme damit hat, sich auf Neues einzustellen, weil ihm nichtberechenbare, unbekannte Situationen Angst machen und zur Anspannung führen, nicht unbedingt optimal. Für jeden anderen in der Klasse ebenso wenig! Gibt es einen Topf mit Verfehlungen und Fehlern, die man in der Unterrichtsführung machen kann, so bediente sie sich diese Lehrkraft ausschließlich aus diesem. Als Mensch eine sehr nette Person, immer bemüht es allen recht zu machen, das Gespräch und Hilfe suchend, aber pädagogisch absolut überfordert. (Kategorie A1.2.)

Gleich nach der ersten Unterrichtsstunde suchte ich das Gespräch und bombardierte die junge Kollegin mit Infomaterial bezüglich des Umgangs mit ASS im Allgemeinen und mit Lukas im Speziellen, um sie nicht unvorbereitet in unangenehme Situationen laufen zu lassen, und um ihr und Lukas einen guten gemeinsamen Start zu ermöglichen.

Das ständig verspätete Erscheinen ihrer Person in der Klasse führte stets dazu, dass die gesamte Klasse zu Hochform auflief und alle Register des Danebenbenehmens zog. Sie schaffte es sogar, dass Schüler die für gewöhnlich vollkommen unauffällig und teilnahmslos, mitunter sogar apathisch dem Unterrichtsgeschehen folgten, aktiv an der Gestaltung einer unmöglichen Arbeitsatmosphäre teilnahmen, indem sie lautstark, ideenreich und hochmotiviert gegen allgemeine Normen verstießen.

Meine Position in dieser Runde war eine sehr unangenehme. Das Verhalten der Schüler, die Lautstärke und die Art und Weise ihres Agierens und Reagierens auf der einen Seite, und die vollkommen überforderte Lehrerin auf der anderen. Ich mittendrin, alles nur aushalten und dulden müssend, war genervt, wütend und zum Teil fassungslos, empfand die Situation als absolut untragbar und als eine Zumutung für alle Beteiligten.

Jede Mathematikstunde war Ursache für einen enormen Spannungsanstieg bei Lukas und barg permanent die Gefahr, der explosiven Entladung. Sowohl im Vorfeld, als auch im Anschluss an den Rechenunterricht bedurfte es sehr viel Kraft und Geduld, Lukas` Verhalten positiv zu beeinflussen und indirekt zu lenken. Zudem bekam Lukas in Gesprächen mit der Förderlehrerin die Möglichkeit des Frustabbaus. Es war einfach nur anstrengend und kostete unwahrscheinlich viel Kraft, Lukas` und auch meine Anspannung im kontrollierbaren Bereich zu halten.

Häufig fühlte ich mich nach dem Unterricht wie ausgewrungen und mental total am Boden. Auch die Tatsache, lückenlos den Pausen- und Unterrichtssituationen ausgeliefert zu sein hinterließen bei mir Spuren.

Zahllose Beschwerden und ein Brief von der Elternvertretung an den Gesamtschulleiter führten dann endlich zum Ende des sechsten Schuljahres dazu, dass nach einer Neubesetzung des Fachs Mathematik Ausschau gehalten wurde. Lukas hatte in der Zeit dieser Extrem-Konfrontation-Übungsphase einen Weg gefunden, sich mit den gegebenen Umständen zu arrangieren, ohne jedes Mal die Bombe platzen zu lassen. Ich denke, dass sein Gerechtigkeitssinn daran appellierte, der Lehrerin weiteren Kummer zu ersparen. Mittlerweile fiel es selbst ihm als Vertreter der Opposition schwer, auf die Mathe- Lehrerin sauer zu sein, da sie bereits mehr als verdient einstecken musste und außerordentliche Nehmerqualitäten unter Beweis gestellt hatte.

Anbei bemerkt, zog sie nach Beendigung ihrer Tätigkeit an dieser Bildungseinrichtung auch die Konsequenz und trat aus dem Schuldienst aus, um in den Vorschulbereich zu wechseln.

Meine Hochachtung vor Menschen, die neue Wege gehen wenn sie erkennen, dass der Erstgewählte zu steinig ist! Gerade im sozialen Bereich, in der Verantwortung für andere Menschen, ist es besonders notwendig eigene Fähigkeiten und erreichte Ziele zu evaluieren, Freude an seiner Tätigkeit zu haben und motiviert im Sinne der einem anvertrauten Menschen- in diesem Fall Schüler- zu arbeiten. Leider ist das häufig nicht so.

Im Kunstunterricht erreichte Lukas regelmäßig ein Anspannungspotential im Dunkelorange- Bereich. Ursache dafür war unter anderem sein hoher Leistungsanspruch an sich selbst, dem er schon aufgrund seiner Feinmotorik Störung nicht wirklich gerecht werden konnte. Es ist ihm unmöglich im Zeichenunterricht einen Strich ohne Lineal zu zeichnen. Die Farbauswahl ist eine Wissenschaft für sich. Weil grün für Lukas nicht einfach grün ist, sondern mindestens 100 Nuancen hat. Verständlicherweise ist es dann nicht leicht, genau den fünfundsiebzigsten Grün- Farbton zu finden, der gerade jetzt gebraucht wird und durch keinen Ähnlichen ersetzt werden kann. Unheimlich konzentriert und ausdauernd sucht er deshalb nach genau diesem! Das kann dann schon mal 3 Unterrichtsstunden in Anspruch nehmen, ohne der Fertigstellung des Gesamtprojektes ein Stück näher gekommen zu sein. Auch das war wieder ein Circulus Vitosis, denn Leistungsdruck und Unfähigkeit erhöhten die Grundanspannung und diese wiederum verstärkte die Symptomatik der Feinmotorik Störung. Also galt es, ihn mit viel Lob und angepassten Aufgabenstellungen in seinem Tun zu bestärken. Mit der zusätzlichen Gewährung eines auf seine Bedürfnisse abgestimmten erweiterten Zeitfensters, gelang es dem Spannungsaufbau entgegenzuwirken, beziehungsweise ihn in seiner Stärke abzuschwächen. Lukas hielt durch konnte sich aber nicht anfreunden mit der bildenden Kunst. Spektakuläre Auftritte in Form von kreativem Fehlverhalten blieben glücklicherweise aus, aber vom stressfreien Arbeiten war er weit entfernt.

Auch im Bereich der sozialen Interaktion machte Lukas Fortschritte. Die ersten Gehversuche raus aus der Isolation, weg von der ungeliebten Pausenecke fanden im geschützten Rahmen, in Kleingruppen innerhalb des Schulgebäudes statt. Wahlweise konnte Lukas große Pausen im Klassenraum oder im Schulgebäude verbringen. Keine Wahl hatte er bei der Person und von ihr gewählter Form der Begleitung! Das hieß im Klartext lückenlose Beobachtung und geringe Distanz. Wir genossen es insgeheim beide, die Kälte des Winters nicht spüren zu müssen und stattdessen den Schutz der beheizten Flure genießen zu dürfen.

Zunächst absolvierten wir die Pausen in einer Kleingruppe am Kickertisch, welcher sich in einem Verbindungstrakt zwischen zwei Schulgebäuden befand. Natürlich beteiligte sich Lukas nicht am Spielgeschehen, beobachtete dieses aber genau und genoss den Aufstieg aus der Isolation, rein in das tobende Leben. Wie nebenher verwickelte ich Lukas in Gespräche, auch zettelte ich Gespräche mit anderen Schülern an und bezog Lukas mit ein. Nach und nach suchte Lukas den Kontakt zu den Spielenden, agierte als Ballholer oder Schiedsrichter. Seine Kommunikation war sehr unsicher, häufig unangemessen extrem in der Wortwahl und stets begleitet von taktilen Reizsetzungen. Persönliche Ansprachen an seine Mitschüler waren grundsätzlich verbunden mit Anspringen, Anschubsen und extremer Mimik. Diese Art von Umgang mit den anderen bestimmte somit stets den Inhalt unserer Gespräche. Geduldig testete ich verschiedene Gesprächsmethoden, um ihm grundlegende Regeln der Interaktion und Kommunikation nahezubringen. Permanent griff ich Situationen auf, wertete diese mit Lukas aus und formulierte kleine Ziele für die folgenden Pausen.

Im Gegenzug suchte ich auch das Gespräch zu den betroffenen und zum Teil verunsicherten Mitschülern. Ihnen erklärte ich zum Beispiel, dass es nicht nur im Umgang mit Lukas wichtig ist, seinem Gegenüber eindeutige Signale zu senden, ihm deutlich zu machen, was man möchte und was nicht. Besondere Bedeutung hat in diesem Zusammenhang auch der Einsatz der Mimik. Wie soll mein Gegenüber den Ernst meiner Ansage erkennen, wenn ich lächelnd bestrafe, oder lachend sage „Nein!"? Diesem Kommunikationsfehler begegnet man im heutigen Alltag häufig. Vielleicht achten Sie in nächster Zeit mal auf Ihre eigene Art der nonverbalen Kommunikation oder analysieren mal die der anderen- das fällt den meisten Menschen naturbedingt leichter?!

Beantworten Sie sich dafür die Frage: Unterstützt meine Mimik den Inhalt meiner Aussage, schwächt sie diesen ab, oder macht sie die Aussage sogar unglaubwürdig? Zu kompliziert? Kurz und knapp ein Beispiel.

Hat mein Sohn etwas getan, was mich so geärgert hat, dass ich mich dazu genötigt fühle, mich äußern zu müssen, dann signalisiert meine Mimik bereits vorab: „Achtung, Gewitter im Anmarsch!" Im Prinzip macht das schon ein folgendes verbales Tadeln unnötig, schließt es aber für ganz resistente Fälle nicht aus. Mein Ziel, eine eindeutige Nachricht an mein Gegenüber zu senden, ist damit erreicht!

Damals war genau dieses Problem Thema meiner Arbeit in der Beziehungsarbeit. Da Lukas im besonderen Maße auf klare Signale angewiesen ist, weil es ihm aufgrund fehlender Empathie schwer fällt, Situationen richtig einzuschätzen, schulte ich seine Mitschüler diesbezüglich und machte ihnen in Gesprächen bewusst, wie wichtig und bedeutend der Einsatz der nonverbalen Kommunikation im allgemeinen und speziell im Kontakt mit Lukas ist. Im Gegenzug galt es für Lukas, erhaltene Signale zu erkennen, zu entschlüsseln und sein Verhalten entsprechend zu steuern. Damit war Lukas anfänglich total überfordert. Immer wieder entwirrte ich Situationen, um Eskalation zu vermeiden. Ohne zu maßregeln galt es, dem Sonderling die Funktionsweise von zwischenmenschlichen Beziehungen nahe zu bringen.

Mit viel Fingerspitzengefühl, Geduld und mit umfangreicher Methodenvielfalt vermittelt, erlernte er dafür notwendige, grundlegende Kampftechniken. Erlittene Blessuren seelischer Natur, kitzelte die Förderschullehrerin aus ihm heraus und gemeinsam kümmerten wir uns dann um die Verarztung dieser. Gespräche zwischen Lukas und ihr brachten auch immer wichtige Erkenntnisse bezüglich situations- oder personenbezogener Stress auslösender Faktoren. Diese waren wichtige Bausteine für die Gestaltung meiner Arbeit mit Lukas.

Äußerte er zum Beispiel, dass ihn ein Mitschüler, oder eine Mitschülerin nervte, läuteten bei uns die Alarmglocken! Von Lukas in dieser Form namentlich benannte Probleme verschwanden definitiv nicht einfach so, sondern mussten sensibel bearbeitet werden. Handelte es sich dabei also um einen Mitschüler, war besondere Aufmerksamkeit bezüglich der Interaktion zwischen Lukas und ihm notwendig. Lehrer wurden über diesen Konflikt informiert. Die Kenntnis dessen erforderte zudem Beachtung bei der Sitzplatz-Zuweisung und bei der Zusammenstellung von Lerngruppen. In Gesprächen mit Lukas versuchte ich Verhaltensweisen seines „Feindes" zu erklären, mit dem Ziel, dass er diese zumindest auf der rationalen Schiene verstehen konnte. Das machte für Lukas den Kontakt zum „Feind" berechenbarer und durchschaubarer, das gab ihm zumindest Sicherheit und das Wiederum entspannte das Kampfgeschehen.

Sein Gegenüber informierte ich über das bestehende Problem bei Lukas und vermittelte Tipps für den Umgang mit der Situation. Auf diese Art und Weise ist es Lukas bis heute gelungen, seine radikalen Antipathien gegenüber ausgewählter Mitmenschen abzubauen.

Innerhalb kleiner Gruppen, in ganz naher Begleitung gewann er Stück für Stück mehr Sicherheit im Nahkampf mit seinen Mitmenschen.

Im Frühjahr wagten wir einen weiteren entscheidenden Schritt. Wenn Lukas in allgemein guter Verfassung war, absolvierten wir unsere Hofpausen in der Frühlingssonne auf dem großen Schulhof. Erste klitzekleine Erfolge stärkten auch das Selbstbewusstsein des kleinen Freaks, machten ihn mutiger. Doch auf welch wackligen Füßen das Erreichte stand zeigte sich darin, dass es täglich Gesprächsbedarf gab. Dieser resultierte aus Situationen, welche ohne meine Moderation und indirekte Steuerung hätten zum Fiasko führen können. Häufig versuchte es Lukas, sich meinen Blicken, also seiner Beobachtung zu entziehen. Kurz vor Ende des sechsten Schuljahres passierte es dann doch: Beim Fangespielen auf dem Schulhof gelang es Lukas sich aus der „Manndeckung" zu lösen.

Wenn ich von einer sehr engen Begleitung sprach, bedeutete das in Metern maximal zwei. Für die Aktion, die ich im folgendem beschreibe, nutze Lukas diesen Maximalabstand um sich durch einen unverhofft angesetzten Zwischensprint in Richtung Schulgebäude, meinen Blicken zu entziehen. Natürlich lag es mir fern, ihm in gleicher Manier zu folgen. Das verschaffte Lukas einen gehörigen Vorsprung und wertvolle Zeit für das Testen seiner bis dahin erworbenen Fertigkeiten im Umgang mit anderen. Dummerweise wählte er als Testpersonen Mädchen aus der fünften Klasse aus, die weder ihn, noch seine Eigenarten kannten.

Berichten zu folge näherte sich Lukas in alter Manier wild gestikulierend, schreiend mit abgehackten Bewegungen der damit vollkommen überforderten Mädchengruppe. Die erste Kontaktaufnahme mit einem der Mädchen erfolgte dann in der Form, dass Lukas sie ansprang dabei Grimassen zog und sie mit Drohgebärden verängstigte. Die anfängliche Belustigung der Mädchen, wich relativ schnell den Gefühlen der Unsicherheit und Angst. In ihrer Not und in der Hoffnung, ihn dadurch loszuwerden, rissen sie dem, in alte Verhaltensmuster entglittenen Troll, die Kappe vom Kopf. Das Unheil nahm seinen Lauf. Ohne Unterlass und wie von Sinnen schlug Lukas auf das bereits weinende Mädchen ein.

Infolge dessen gab es viel Klärungsbedarf. Das Mädchen war glücklicherweise nicht verletzt und ein sehr einfühlsames Gespräch zwischen ihr und ihrer Klassenlehrerin entschuldigte zwar nicht das Verhalten von Lukas, machte es aber in Ansätzen verständlich für sie. Trotzdem änderte das nichts an der Tatsache, dass Lukas wieder einmal Grenzen überschritten hatte und Täter, nicht Opfer war. Das Mindeste was er zur Wiedergutmachung tun konnte war es, sich zu entschuldigen. Aber selbst das, stellte sich als nicht so einfach umsetzbar für Lukas heraus.

In seinem Wesen ist Lukas absolut authentisch. Sagt er etwas, genauso wie er es meint, tut er etwas genauso, wie er es will und es seiner Meinung nach sein soll, kann er es nicht- nur weil die gesellschaftliche Norm das anderes vorschreibt- zurücknehmen. Ihm war klar, dass man nicht schlägt, er verstand auch, dass das Mädchen Angst vor ihm hatte, er verstand auch, dass er durch seine Art der Annäherung das Verhalten der Mädchen provoziert hatte, konnte sich aber nicht bei ihr entschuldigen, weil es für ihn keine andere mögliche Reaktion, als die gezeigte, auf das Herabreißen seiner Kappe gab.

Immer deutlicher wurde auch mir, welche Bedeutung das „Crazy- Cap" für ihn hatte und hat. Es ist eine Art Tarnkappe, ein Schutz, ein Halt, eine Mauer, ein imaginärer Freund und eine wichtige Grundlage für seinen Seelenfrieden, sie gibt ihm Sicherheit. Er hütet und beschützt sie wie seinen eigenen Augapfel. Zur damaligen Zeit gab es so gut wie keine Situation, in der er die Kappe abtun konnte ohne, dass das einen enormen Spannungsanstieg zur Folge hatte. Nur wenn das Käppi hätte Schaden nehmen können zum Beispiel bei Regen brachte er es ohne Kopf in seiner Tasche in Sicherheit. Auch dabei war er auf äußerte Sorgfalt bedacht!

Dieses Thema wird immer wieder zur Sprache kommen, da es bis heute unter anderem ein wichtiger Indikator für das Erkennen der aktuellen Gefühlslage von Lukas zum einen und Anstoß für einige Pädagogen zum anderen ist.

Die Ursachenforschung für das Fehlverhalten von Lukas und die Suche nach Möglichkeiten der Vermeidung, brachte für mich die Erkenntnis, noch aufmerksamer sein zu müssen und auf mangelnde Pausenaufsichten aufmerksam zu machen. Im Ergebnis dessen gab es zwischen Lukas und mir klare Absprachen. Keiner von uns entfernte sich außerhalb der Sichtweite vom anderen. Sollte es doch notwendig sein, erfolgte der Abmarsch erst nach Rücksprache. Dieses galt natürlich für beide Parteien gleichermaßen.

Musste ich zum Beispiel mal auf die Toilette, dann tat ich das in vermeintlich sicheren Situationen, also ausschließlich im Unterricht und auch nur bei Lehrern, die Lukas „im Griff" hatten. Vorab erkundigte ich mich nach dem Befinden von Lukas und meldete mich ordnungsgemäß bei ihm ab. Erst dann verließ ich den Raum. Die Zeit von da an bis zur Rückkehr an den Ort des Geschehens, waren im Übrigen die einzigen circa drei bis fünf Minuten am Vormittag, in welchen ich mal Ruhe hatte. Ich inhalierte diesen Kurzurlaub in vollen Zügen und genoss diese Zeit ganz bewusst. Wenn ich dann im Sturmschritt zurück in Richtung Klassenraum lief und sah, dass kein Lukas davor stand, war mein Glück perfekt!

Da ich an dieser Stelle meine Toilettengänge thematisiere, werde ich es im Folgenden auch für die Nichtstattfindenden von Lukas tun. Auf meiner Prioritätenliste ganz oben platziert stand gleich zu Beginn meiner Arbeit das Toilettenproblem. Lukas war nicht bereit, die Toiletten in der Schule zu nutzen. Er arrangierte sich seit Jahren in der Form damit, dass er es vermied, am Vormittag Flüssigkeit zu sich zu nehmen. Angebote, wie das Benutzen von Desinfektionsmittel, das Nutzen der Toilette im Unterricht, sogar das Angebot, ihn bei Notwendigkeit zur hauseigenen Toilette zu chauffieren, schlug er aus. Mit Sicherheit war und ist die von ihm gewählte Methode nicht die beste Wahl, wenn man gesundheitliche Folgen und auch die Auswirkung auf Konzentration und Gedächtnisleistung bedenkt, aber sie funktioniert meistens. Bis zum heutigen Zeitpunkt (Ende siebtes Schuljahr) praktiziert er diese Methode und mittlerweile steht dieses Thema auch nicht mehr unter dem Punkt „Ziele" in meinem persönlichen Arbeitsplan. Ausschließlich nicht vermeidbare längere Aufenthalte in der Schule ließen eine Lockerung seiner selbstgesetzten Sanktionen in der Weise zu, dass er es entweder Mutti gewährte, ihn zum

Toilettenbesuch abzuholen oder mich dazu berechtigte, ihn zur Erledigung seines Grundbedürfnisses nach Hause zu fahren. An seinem Trinkverhalten änderte das aber nichts. Warum mache ich überhaupt Toilettengänge zum Thema? Weil eben auch diese, oder besser die in der Schule nicht stattfindenden zu einem Spannungsanstieg in besonderer Form bei Lukas führen können.

Ich erinnere mich in diesem Zusammenhang an eine Situation, in welcher Lukas extreme Ticks zeigte. Der ganze Körper war in Bewegung, zappelte und zuckte, obwohl keine psychische Anspannung erkennbar war. Er reagierte entspannt auf Ansprache und beteuerte, dass alles in Ordnung sei. Erst im Gespräch mit seiner Mutter erfuhr ich dann den Grund für die Zappelphillip- Einlage des Vortages. Lukas hatte einen starken Harndrang und da er diesem in der Schule nicht nachgehen konnte und auch mit mir nicht darüber reden konnte, „tickte" er sich über die Runden. Ich war um eine Erkenntnis reicher und bezog diese bei der weiteren Analyse von auftretenden Unruhezuständen mit ein.

Vom zweiten Halbjahr der sechsten Klasse gibt es noch etwas ganz Tolles zu berichten. Toll deshalb, weil es ja prinzipiell nur mit viel Geschick und zum Teil auch List möglich ist, Lukas aus der Reserve zu locken, es aber doch passierte. Wie bereits am Anfang berichtet, ist Lukas grundsätzlich erst einmal nicht bereit, seine stupide Computer- Arbeit am Nachmittag durch andere Aktivitäten zu ersetzen, oder zu ergänzen. Nun gelang es aber doch!

Die im Zusammenhang mit seiner Hausaufgabenschwäche bereits erwähnte Kusine leitete mit zwei weiteren Erzieher-Anwärterinnen einen Theaterkurs für die sechsten und siebten Klassen der Schule. Dieser fand im Rahmen des Ganztagsangebots immer montags in der siebten und achten Stunde statt und war für die jungen Frauen ein Abschlussprojekt zum Ende ihrer Ausbildung. Schwärmerisch machte ich mich daran, Lukas zur Teilnahme an diesem Theater zu bewegen. Erstaunlicherweise traf ich nur auf geringen Widerstand!! Ein ordentlicher Griff in den Honigtopf und eine sensibel dosierte Menge davon, verteilt um seinen Mund hatten zur Folge, dass das Feuer übersprang und seine Begeisterung für das Theaterspielen über seine Ängste, bezüglich Veränderungen und der Auseinandersetzung mit neuen, unbekannten Situationen siegte!

Lukas Richter trug sich für die Teilnahme an der Theater-AG ein!!

Es war schön, zu sehen, mit wie viel Freude und Hingabe und mit welchem Eifer er sich der Darstellung verschiedener Rollen widmete. Nicht selten schoss er dabei über das Ziel hinaus und spielte bereits von ihm in der Praxis getestete und als überzeugend bestätigte Verhaltensweisen aus seiner Zeit als Troll und Bösewicht. Manchmal gewann man als Zuschauer, der ich im Übrigen bei jeder Probe von Anfang bis Ende sein durfte, den Eindruck, als spiele er gleichzeitig mehrere Rollen und Charaktere. Die Tatsache, dass die Kusine im Umgang mit Lukas geschult war und meine permanente Anwesenheit gaben ihm die notwendige Sicherheit, welche er benötigte, um dieses Projekt für ihn zu einem persönlichen Erfolg werden zu lassen. Ihm gelang es, bis zur Fertigstellung des Theaterstückes „Hollerstadt sucht den Superstar" am Ball zu bleiben und stand am Ende des Schuljahres mit als Akteur auf der Bühne als es galt, Eltern, Schülern und Lehrern der Schule das Ergebnis zu präsentieren.

Im Anschluss dessen erhielt er viel Anerkennung, Lob und auch Bewunderung von seinen Mitschülern, wurde als kleiner Held gefeiert.

Rückblickend kann man sagen, dass dieses Erleben für Lukas sehr gewinnbringend war. Es trug entscheidend zur Stärkung seines Selbstwertgefühls bei und ließ ihn erfahren, dass er sich auch auf andere Art und Weise profilieren kann. Er erkannte, dass er etwas kann und mit der Darstellung dessen auch geachtet wird. Langsam entwickelte sich auch bei ihm ein Konzept für das neue Drehbuch, in welchem er nicht mehr als Troll, sondern als Lukas Richter die Hauptrolle übernahm.

An dieser Stelle auch ein großes Dankeschön an die Mitarbeiterin des Jugendamtes. Von Anfang an gab es eine konstruktive und zielgerichtete Zusammenarbeit! Im Interesse von Lukas Entwicklung war sie stets bereit, begründete Anträge wohlwollend zu prüfen und traf flexibel und zeitnah Entscheidungen. So gab sie auch für die Bezahlung meiner zusätzlichen Stunden bezüglich des Theaterprojekts grünes Licht und diese Investition hat sich gelohnt!

Leider wurde eine Theater- AG im Folgejahr auch auf Nachfrage nicht mehr angeboten.

Innerhalb kürzester Zeit, die Rede ist von knapp einem Schuljahr, was für eine therapeutische Arbeit nicht viel ist- wenn man die Dauer von ambulanten Therapien betrachtet- hatte Lukas gute Fortschritte gemacht.

Seine Noten waren fast durchgängig in allen Fächern besser und entsprachen annähernd seinem wahren Leistungsvermögen. Dafür erfuhr er auch von seinen Mitschülern Zuspruch und Achtung. Den tobenden Wüterich gab es nur noch selten und wenn doch, dann nur in abgeschwächter Form. Langsam begann er -mit meiner und der Hilfe der Förderschullehrerin- Situationen zu reflektieren. In Ansätzen war er fähig, Stress auslösende Faktoren zu erkennen und zu benennen. Sich diesen Momenten zu entziehen, gelang ihm noch nicht so gut und stand deshalb ziemlich weit oben auf meiner „To do Liste". Dabei war es wichtig, dass Anordnungen von den Lehrern kamen, nur auf diese konnte er sich einlassen. Forderte ich ihn bei spürbar hoher Anspannung auf, gemeinsam mit mir den Raum zu verlassen, ging das gar nicht, denn Chef mit Befehlsgewalt war für Lukas die Lehrkraft und nicht ich, sein Schatten. Also warb ich auch diesbezüglich wieder um die Mitarbeit der Lehrkräfte, ihm in entsprechenden Fällen das Entspannen vor der Tür anzubieten, oder ihm zu vermitteln, dass es vollkommen in Ordnung ist, wenn ich als seine Begleitung entsprechende Maßnahme anbiete. Meistens klappte das ganz gut!

Das Ziel war klar, die Weichen gestellt, Lukas war auf den Zug aufgesprungen ... nun konnte die Fahrt beginnen. Wie sich später herausstellen soll, wählte Lukas die Express-Variante.

Das Hilfeplangespräch, welches am Ende des Schuljahres stattfand, war Zeitpunkt einer ersten Rechenschaftsablegung und in Anwesenheit der Vertreterin vom Jugendamt, meiner Vorgesetzten von der Lebenshilfe, der Mutter von Lukas, der Klassenlehrerin und der Realschulzweigleiterin durfte ich erste Ergebnisse und weitere Ziele meiner Arbeit präsentieren. Der Klassenlehrerin oblag die Moderation der Veranstaltung und natürlich resümierte sie die Entwicklung von Lukas aus ihrer Sicht. Als dann auch noch die positive Einschätzung aus der Fraktion Elternhaus zugetragen wurde, und Nachfragen der Jugendamt-Mitarbeiterin zufriedenstellend beantwortet werden konnten, gab es keinen Zweifel mehr an der Sinnhaftigkeit und Notwendigkeit der Weiterführung dieser Maßnahme. Das hieß also im Klartext, dass das Jugendamt ein weiteres Jahr die Finanzierung meiner Stelle als Schulbegleitung übernahm und Lukas mich ein weiteres Schuljahr ertragen durfte.

Die Sommerferien waren verdient!

Zur Erklärung für die Menschen, die es ungerecht und unangemessen empfinden, dass Schulbegleitungen soooooo viel Ferien haben wie die Kinder und Lehrer, sei folgendes gesagt: Als Schulbegleitung bekommt man nur die reine Arbeitszeit, sprich die Kontaktzeit mit dem Kind bezahlt. Diese muss minutengenau und akribisch abgerechnet werden. Zeiten für Elterngespräche, Weiterbildungen, Versammlungen, Klassenausflüge, Lehrergespräche und Ähnliches, müssen extra beantragt und genehmigt werden. Ferienzeiten müssen abzüglich des gesetzlichen Urlaubsanspruches voll raus gearbeitet werden, oder werden vom Gehalt abgezogen.

Das heißt also im Klartext, dass man entweder zum Beispiel sechs Stunden am Tag arbeitet, alle sechs Stunden bezahlt bekommt und in den Monaten mit Ferien kein, beziehungsweise weniger Gehalt bezieht, oder man arbeitet täglich sechs Stunden und bekommt davon nur vier bezahlt. In dem Fall werden nichtvergütete Stunden gesammelt und auf die Ferienmonate verteilt, so dass man also ein regelmäßiges monatliches Einkommen in geringerer Höhe hat. Wenn man auf das Geld nicht wirklich angewiesen ist, eine tolle Sache, aber kein Job für Alleinverdiener und Familienernährer.

Ein dicker Wermutstropfen trübte jedoch die Freude über den ersten Etappensieg... Die Klassenlehrerin gab im Anschluss an das Hilfeplangespräch bekannt, dass sie zum Beginn des folgenden Schuljahres an eine neue Schule in einer anderen Stadt wechseln würde und uns somit in unserer Arbeit nicht mehr zur Seite stehen konnte. Ich ahnte bereits, dass das entscheidende Auswirkungen auf unsere weitere Arbeit haben würde. Jedoch war mir damals noch nicht klar in welcher Form und in welchem Ausmaß.

…..Das kleine Bäumchen lässt die Blätter nicht mehr hängen. Gestützt von einem dicken Balken, soll es weiter wachsen, seine Wurzeln ausbilden und nicht mehr im Sturm des Lebens abknicken…

4. Kapitel

Das siebte Schuljahr

Sechs Wochen Ferien waren definitiv zu kurz. Ruck zuck verging Woche für Woche und da war es dann schon wieder, dieses furchtbare Geräusch des Weckers, mitten in der Nacht und zwei Stunden später das- keine Entspannung verspre- chende- Signal der Schulklingel.

Das neue Schuljahr hatte begonnen. Zahlreiche Busse spuckten übermüdete, unmotivierte, halbschlafende Schüler aus. Überbesorgte Eltern schlängelten sich mit ihren Gefähr- ten zwischen ihnen hindurch, um ihre oft schon fast erwach- senen Kinder direkt vor der Schultür absetzen zu können.

Ich für meinen Teil zog es vor, zwanzig Minuten vor Unter- richtsbeginn einen Stellplatz vor der Schule zu besetzen, um dieser akuten „Durchblutungsstörung" zu entkommen. Selbst als Beobachterin dieses morgendlichen Schauspiels stieg mein Stresspegel enorm. Entziehen konnte ich mich dieser „Veran- staltung" leider nicht, weil ich täglich vor der Schule auf den Richter-Express warten und den Inhalt der Fracht persönlich in Empfang nehmen musste.

So pünktlich wie Lukas es zuließ, spätestens fünf Minuten nach Unterrichtsbeginn, verschwanden auch wir im Schulhaus. Wie ein überdimensionaler Staubsauger mit mehreren Saug- hälsen, sogen die Schultüren allmorgendlich zirka siebenhundert Schüler und knapp 100 Lehrer an und verschluckten sie, um das Material im Inneren weiter zu be- und verarbeiten.

Auch der kleine Freak war vereinbarungsgemäß vor der Schule abgeladen worden. Er sah unverändert aus, Käppi, lange Haare, leichtes Zucken im Auge, wenig Mimik, gewohnte Kleidung, (für Lukas sehr wichtig und dank moderner Technik möglich, jeden Tag die gleiche Kleidung frisch gereinigt zur Verfügung zu stellen), aufgekratzt und zappelig, auf dem Rücken die von Mutti gepackte und mindestens 10 Kilo wiegende Schulmappe.

Lukas war es sehr wichtig, täglich alle zur Verfügung stehenden Unterrichtsmaterialien am Mann zu haben, da er für den Fall der Fälle gerüstet sein musste. Hätte auch nur das Fehlen eines Hilfsmittels sein Lernen behindert, konnte das die Ursache für einen unkontrollierbaren Ausbruch sein. Also, auch wenn an diesem Tag kein Mathematikunterricht auf dem Stundenplan stand, musste die Zirkeltasche mit, da es ja möglich war, dass es in einem anderen Fach zur Aufgabe wurde, einen Kreis zeichnen zu müssen. Die korrekte Erfüllung dieses Arbeitsauftrages war ohne die Zuhilfenahme eines Zirkels für Lukas unmöglich, also-… rein damit in die Mappe. Gleiche Gedankengänge und Argumentationen lagen der Bestückung des Ranzens mit Lehrbüchern, Heftern, Arbeitsheften und so weiter zugrunde. Als das Fassungsvermögen der Tasche an ihre Grenzen stieß, wurde Abhilfe geschaffen, indem man eine weitere akquirierte und diese zum festen Bestandteil des täglichen Reisegepäcks werden ließ.

Der Startschuss war also gefallen. Ab ging es ins siebte Schuljahr. Wie bereits befürchtet, sollte es ein turbulenter Beginn werden.

Zunächst gab es einen neuen Klassenraum vor dem sich die Klasse versammelte, um die ebenfalls neue Klassenlehrerin zu empfangen. Dieser lag in einem anderen Trakt des Schulgebäudes, etwas separiert und durch eine Brandschutztür von der „Hauptstraße" abgetrennt. Ab der Klasse sieben war es den Schülern laut Schulordnung freigestellt, ob sie ihre großen Pausen auf dem angrenzenden Hof, oder auf dem Flur vor dem Klassenraum verbringen wollten. Das brachte mir für die Arbeit mit Lukas einen entscheidenden Vorteil. Da er für gewöhnlich sowieso das Verharren in geschlossenen Räumen bevorzugte, anstatt sich der frischen Luft auszusetzen, erübrigte es sich für mich, ihn zum Verbleib in dieser relativ überschaubaren Situation zu überlisten. Auch hatte er nicht mehr das Gefühl der Sonderbehandlung, welche er für sich strikt ablehnte und deren Annahme er auch häufig verweigerte. Schließlich wollte er so sein, wie alle anderen.

Die Pausen gestalteten sich von da an auch für mich etwas erträglicher, waren aber lange nicht als stressfrei zu bezeichnen. Abgesehen von den räumlich begünstigenden Umständen gab es zahlreiche andere, welche den Pausen Brisanz verliehen und besondere Aufmerksamkeit forderten.

Im neuen Klassenraum präsentierte sich nun auch die neue Klassenlehrerin. Glücklicherweise war diese nicht ganz fremd für Lukas. Bereits im Vorjahr unterrichtete sie in der Klasse und wurde von Lukas als Person akzeptiert. Später fragte ich mich oft, was es war, das es Lukas möglich machte, sich auf sie einzulassen?! Viel Empathie und Bereitschaft, sich auf die Problematik ASS einzulassen, gab es von ihrer Seite nicht. Schon im sechsten Schuljahr outete sie sich in einem kurzen von mir angeregten Gespräch als Anhängerin der Gruppe, die im ersten Kapitel der unterlassenen Hilfeleistung angeklagt wurde. Die Fronten waren also geklärt, und nun galt es für mich, das Beste daraus zu machen und auch ohne ihre Unterstützung das Ziel zu erreichen.

Wieder zurück in den neuen Klassenraum, am ersten Schultag nach den Sommerferien.

Nachdem jeder einen Platz gesucht und ich den Stuhl direkt neben Lukas in Beschlag genommen hatte, bemerkte die Lehrerin das Fehlen eines Stuhles. Mit dem Kommentar an mich gerichtet, dass ich bei der von ihr vorgenommenen Bestuhlung nicht eingeplant war, schickte sie einen Schüler auf die Suche nach einer zusätzlichen Sitzgelegenheit.

Mir war diese Situation sehr unangenehm, hatte ich doch das Gefühl, einem Schüler den Platz weggenommen zu haben und nahm natürlich auch die Tatsache, dass sie meine Anwesenheit nicht berücksichtigte sehr persönlich. Das war also ihre Art und Weise, mich herzlich willkommen zu heißen und wie sich im Verlauf auch zeigen sollte, wegweisend für die Qualität der Zusammenarbeit in den nächsten Monaten.

Der erste Tag gestaltete sich sehr aufregend. Lukas war noch voll im „Eule – Rhythmus", hatte nicht geschlafen und meinte in alter Manier auf sich aufmerksam machen zu müssen. Voller Eifer baute er unzählige Flugzeuge -für eben derartige Eventualitäten war die Tasche ja mit genügend Material bestückt-, ging über Bänke, redete ständig dazwischen und testete die Leidensbereitschaft seiner neuen Klassenlehrerin. Erst zum Ende des ersten Lerntages verließen ihn seine Kräfte und seine extrem hohe Anspannung wich dem Gefühl der Erschöpfung. Die weiteren Tage gestalteten sich im Gegensatz zum ersten so, dass Lukas halbwegs entspannt zur Schule kam, dann aber im Verlauf des Tages ein enormes Anspannungspotential aufbaute. Ursache dafür war unter anderem die Tatsache, dass sechs neue Lehrer in der Klasse unterrichteten. Ich hielt es für außerordentlich wichtig diese über notwendige Maßnahmen, festgehalten im Nachteilsausgleich, und Besonderheiten im Umgang mit Lukas zu informieren.

Fälschlicherweise nahm ich damals an, dass dieses bereits vorab durch die Klassenlehrerin geschehen war. War es im Schuljahr zuvor selbstverständlich, dass die Informationsweitergabe durch die engagierte Klassenlehrerin erfolgte, musste ich nun feststellen, dass dieses nicht mehr der Fall war.

Neue Lehrer betraten den Klassenraum, absolvierten ihren Unterricht, ohne zu wissen und teilweise auch ohne sich zu erkundigen, wer ich war, und warum ich in ihrem Unterricht saß. Die Tatsache, dass sie mich nicht direkt vor dem Unterricht ansprachen, bestärkte mich in der Annahme, dass die Klassenvorsteherin ihrer Verantwortung im vollen Umfang gerecht geworden war und Ihre Kollegen gut gerüstet in die Höhle des Löwen schickte. Erst als sich einige Lehrkräfte im Anschluss ihrer Unterrichtsstunde nach meiner Existenzgrundlage erkundigten, wurde mir klar, dass ich die soziale Kompetenz der Verantwortlichen überschätzt hatte. Im Ergebnis dieser Erkenntnis, entschuldigte ich mich bei allen unterrichtenden Lehrkräften dafür, dass ich nicht die Initiative zur persönlichen Vorstellung ergriffen hatte und begründete dieses Fehlverhalten mit der Annahme meinerseits, dass alle Kollegen bereits seitens der Schule über meine Funktion und die Problematik von ASS bei Lukas informiert worden waren.

Betrachtete ich mich bis dahin noch als Gast der Schule und als dankbar angenommene Unterstützung in der Arbeit mit Lukas und bei der Einführung und Umsetzung des Inklusionsgedanken, war ich fortan nicht mehr Mitstreiter, sondern Vorreiter. Plötzlich hatte ich die Fäden in der Hand. Dachte ich anfänglich noch den Staffelstab schnell wieder abgeben zu können, so wurde ich eines Besseren belehrt. Ich fühlte mich allein gelassen, verloren. Nur einige Wenige unterstützten mich in meinem Anliegen. Kontakte zu anderen Lehrern kamen kaum zustande, da sich meine Pausen nicht im Lehrerzimmer, sondern immer im Mittelpunkt des Geschehens abspielten. Der Slogan „Mittendrin, statt nur dabei" gewann für mich an besonderer Bedeutung. Die Tatsache, dass es heutzutage auch bei Erwachsenen nicht mehr zu den Grundnormen zu gehören scheint, Kollegen auf dem Flur zu grüßen, verstärkte das Gefühl in mir, nicht willkommen zu sein. Manchmal kniff ich mich, um zu spüren, dass ich wirklich da war! Erst viel später konnte ich diese Erscheinungsformen der heutigen sozialen Kompetenzen für mich soweit außen vor lassen, dass es mein Gefühlsleben nicht mehr negativ beeinflusste. Bis dahin war es für mich selbstverständlich, Kollegen auf dem

Flur mit einem Gruß zu bedenken, egal ob ich wusste, wer sie waren oder nicht. Dass es im Umkehrschluss nicht so war, lag nicht an mir, sondern zum einen an der Normentwicklung der Gesellschaft und zum anderen an einer ausgeprägten Mangelwahrnehmung mancher Mitglieder eben dieser. Dass die Klassenlehrerin mich selbst dann nicht grüßte, wenn sie zum Unterricht den Raum betrat, war also sicherlich nicht böse gemeint und hatte nichts mit einer geringen Wertschätzung meiner Person zu tun?!

Neben meiner intensiven und anstrengenden Arbeit mit dem eigentlich der Hilfe Bedürftigen, begann nun auch noch der Kampf um die Mithilfe der Schule.

Ob es sich um Weiterbildungsangebote, Gesprächsangebote, oder das Studieren meiner sorgfältig ausgearbeiteten Informationsmappe handelte, nichts von alledem wurde genutzt. Jeder in der Klasse unterrichtende Lehrer erhielt von mir eine Kopie des geltenden Nachteilsausgleichs persönlich in sein Fach, zudem reichte ich in gleicher Weise Fortbildungsangebote weiter und Informationen über den Stand meiner Arbeit mit Lukas und die mögliche Rolle jedes Einzelnen in diesem Ensemble.

Permanent suchte ich vor oder nach den Unterrichtsstunden den Kontakt zu den Fachlehrern, signalisierte meine Bereitschaft und die Notwendigkeit zur engen Zusammenarbeit. Häufig formulierte ich die Bitte, meine angebotene Hilfe, im Interesse von Lukas Entwicklung, in Anspruch zu nehmen, machte meine Arbeit transparent und warb um Initiative und um Übernahme ihrer Verantwortung!

Lukas kämpfte sich durch, testete jeden Lehrer aus. Dabei war er, wie nicht anders zu erwarten in der Methodenauswahl, Einsatzintensität und Testdauer außerordentlich flexibel. Jeder der Neuen wurde auf Standhaftigkeit und Authentizität geprüft.

Fast unterschwellig verlief diese Güteprüfung für den neuen Hauptdarsteller im Fach Mathematik. Diese Neubesetzung wirkte sich von Anfang an positiv auf die gesamte Klasse aus. Und das ist auch heute noch so. Der Mathepauker ist der beste Beweis dafür, dass der Gedanke der Inklusion ohne größeren Aufwand zumindest in Ansätzen umsetzbar ist, auch wenn die materiellen Rahmenbedingungen dafür nur bedingt vorhanden sind.

Von der ersten Unterrichtsstunde an überzeugte er nicht nur Lukas davon, dass Schule Spaß machen kann. Sein Unterricht war strukturiert, lebensnah, methodisch gut durchdacht, abwechslungsreich und mitreißend. Man spürte seine Freude am Beruf und so nahm er alle Schüler der Klasse, auch die, welche sich sonst nicht so konzentrieren konnten, erfolgreich mit auf die Reise in die Welt der Zahlen, Formeln und Zeichnungen. Er schaffte durch seine Art der Unterrichtsführung und durch sofortiges Ausschalten störender Faktoren eine optimale Arbeitsatmosphäre für die gesamte Klasse.

Mit den kleinen Besonderheiten im Verhalten von Lukas hatte er kein Problem. Im Gegenteil, er erkannte seine Fähigkeiten, bezog diese mit ein und stärkte somit das Selbstvertrauen des kleinen Sonderlings. Er kam mit mir ins Gespräch, nahm Tipps und Hinweise an und setzte diese optimal in die Tat um.

Zwar war dieser positive Einstieg eines Neulings ein Hoffnungsschimmer, aber eben leider nicht ausreichend.

Die meisten hatten nicht so viel Erfolg mit ihrer Premiere und mussten sich längeren und intensiveren Tauglichkeitsprüfungen unterziehen. Da war zum Beispiel die Konfrontation mit einem neuen Lehrer im Kursunterricht.

Dieser war natürlich nicht auf das Gespann Müller- Richter vorbereitet und tappte gleich zu Beginn in die Falle. In der Vorstellungsrunde fordert er alle Schüler auf, den Mund zu halten. Diese Aussage nahm der „Troll" als Vorlage, um einen kleinen Machtkampf zu veranstalten. Als er an der Reihe war, seinen Namen zu nennen, hielt er, wie vom Lehrer gefordert den Mund. Erst nach mehreren Aufforderungen brach er sein Schweigen, ließ den Mund los und verteidigte sein Tun, indem er dem Lehrer besserwisserisch seine eigene Aussage ins Gedächtnis zurück rief!

Es kam zum ersten Disput. Der sich persönlich angegriffen fühlende Pädagoge schlug zurück und fordert nun auch noch von Lukas die Entfernung seines Base Caps. Mit zittrigen Händen und hoch erregt folgte Lukas der Aufforderung. Diese extreme Anspannung überhaupt nicht wahrnehmend oder einfach nur ignorierend folgten dann auch noch Kommentare und Maßregelungen. Meine Bemühungen durch meine Mimik darauf aufmerksam zu machen, dass es besser wäre den Vortrag an dieser Stelle abzubrechen wurden nicht erkannt. Das Maß war voll! Ich zog bereits den Kopf ein, senkte meinen Blick auf den Boden und bis in die Zehenspitzen angespannt erwartete ich den großen Knall neben mir… Dieser blieb erstaunlicher Weise aus! Alle Achtung!! Lukas schaffte es, nicht zu explodieren. Von da an arrangierte Lukas sich mit der gegebenen Situation.

Nach einigen Wochen gab mir der Lehrer bekannt, dass er kein Problem mit Lukas hätte und ich während seines Unterrichts getrost Kaffee trinken gehen könne. Oberflächlich betrachtet eine sehr nette Geste, tiefgründiger beäugt eine manifeste Fehleinschätzung der Situation. Ich verzichtete auf eine Erklärung dahingehend, dass ich nicht wegen seiner, sondern wegen der Probleme von Lukas vor Ort war und lehnte sein Angebot einfach nur dankend ab.

Lukas Anspannung war in jeder Stunde so groß, dass es für ihn unabdingbar war, mich an seiner Seite zu wissen. Ständige Interventionen, nahe Begleitung und Gespräche waren notwendig, um Lukas in diesem Unterrichtsfach bei der Stange zu halten.

Die nun folgende Schilderung einer Situation aus einem anderen Unterrichtsfach, beschreibt im Grunde die Hauptprobleme bei der Umsetzung des inklusiven Gedankens- mangelnde Kenntnisse gepaart mit fehlender Sensibilität und Aufmerksamkeit.

… Lukas meldete sich, um seine Hausaufgabe zu präsentieren. Anbei bemerkt war er der Einzige, welcher sich der Erledigung dieses Übels angenommen hatte. Zudem war das Ergebnis dessen auch noch vollständig und fachlich korrekt.

Unter Berücksichtigung der Tatsache, dass dieser Fakt durchaus keine Normalität darstellte und weit über dem Klassenniveau bezüglich der Hausaufgabenmoral angesiedelt werden musste, war das Absenden eines Lobes für die erbrachte Leistung- als Motivation für das Erbringen neuer Höchstleistungen- zwingend notwendig und durchaus gerechtfertigt.

Die tatsächlich eingefahrene „Ernte" beschränkte sich auf ein: „Ja!".

Wider Erwarten blieb Lukas trotz mangelnder Anerkennung seiner Leistung am Ball, meldete sich und arbeitete fleißig mit. Leider nur zweimal war der Pädagoge an den Kommentaren von Lukas interessiert. Wollte Lukas diese dann umfassend und fachlich richtig zum Besten geben, wurde er vor dem „Zieleinlauf" mehrmals durch Unruhe im Klassenverband unterbrochen und letztlich durch den Fachlehrer gestoppt.

Dieses führte unweigerlich zu einer erhöhten Anspannung bei Herrn Richter. Nun, da die Grundlagen für das Eintreten von Fehlverhalten erfolgreich geschaffen waren, gewann auch die Tatsache, dass ein von Lukas bereits mehrfach namentlich geäußertes „Problem" in unmittelbarer Nähe platziert wurde, an besonderer Bedeutung! Lukas spitzte demonstrativ seinen Bleistift und gab entsprechendem Schüler nonverbal zu verstehen, dass er „Stichopfer" werden wird. Blitzschnell setzte Lukas seine Absicht in die Tat um und baute durch einen Hieb auf die Hand des Mitschülers einen Teil seiner Anspannung ab. Das alles geschah so schnell, dass mir ein präventives Eingreifen unmöglich war.

Da diese Geschehnisse dem verantwortlichen Lehrer vollständig entgangen waren, fühlte ich mich genötigt, die Situation zu bereinigen, um weiteren Schaden vom Stichopfer abzuwenden. Meiner Aufforderung, seinen Sitzplatz zu wechseln, kam der betroffene Schüler unverzüglich nach. Auch dieses blieb der Lehrkraft verborgen. Für das Erste war die Situation bereinigt, aber eben das Problem nicht beseitigt.

Zum Ende der ersten Unterrichtsstunde machte Lukas selbst den Lehrer darauf aufmerksam, dass die Sitzordnung so nicht gut sei. Auch dieser konkrete Hinweis wurde, aus welchem Grund auch immer, vom Lehrer ignoriert. In der Pause suchte Lukas den Kontakt zum Neuen, erzählte interessante Geschichten- dass man Mehl mit Gold aufgewogen hat...- Der Pädagoge konnte sich nicht auf ein Gespräch einlassen, fühlte sich veralbert, auch hatte er Probleme mit der Art von Fragestellung durch Lukas.

Die Krönung der nun folgenden Unterrichtseinheit war die Maßnahme des Lehrers, Lukas und das Stichopfer in einer Arbeitsgruppe zu vereinen, um sie gemeinsam einen Versuch durchführen zu lassen.

Lukas drohte erneut mit dem Bleistift und musste nun direkt von mir aufgefordert werden, dieses zu unterlassen. Nur mein Sitzplatzwechsel-zwischen die beiden Kontrahenten- ließ die Doppelstunde ausklingen, ohne dass es zu größeren Zwischenfällen kam.

Abgesehen davon, dass ich nach diesem Unterricht ziemlich erledigt war, erschreckte es mich, dass all das Geschehene vom Lehrer überhaupt nicht wahrgenommen wurde. Ich stellte mir die Frage, ob es Sinn machte, ihm zu schildern was während seines Unterrichts vorgefallen war?! Was wäre geschehen, wenn ich nicht an Lukas Seite gewesen wäre, nicht eingegriffen hätte? Wie spricht man den Kollegen an, ohne dass er sich angegriffen fühlt? Wie bietet man Problem- Lösungsvorschläge an, wenn das Gegenüber dieses nicht einmal wahrnimmt?

Im Ergebnis dieser Überlegungen beschränkte ich mich auf die Abgabe einer Information bezüglich Besonderheiten bei der Sitzordnung und der Gruppeneinteilung und ordnete entsprechende Lehrkraft gedanklich der Kategorie A1.2. zu. Diese

Kategorisierung war für meine Planung der Form und Gestaltung der weiteren Zusammenarbeit notwendig und hilfreich.

Immer wieder kam es auch in anderen Fächern zu Fehlverhalten von Lukas. Gezielte Interventionen meinerseits fruchteten nur bedingt und führten nur kurzzeitig zu einem Spannungsabbau.

Weitere ungünstige Faktoren in dieser Zeit waren zum Beispiel fehlende Pausenaufsichten. Diese machten auch die „Entspannungsphasen" hochexplosiv. Toben, Rempeln, Kämpfen auf dem Schulflur, Lukas mittendrin, von mir in irgendwelche Gespräche verwickelt, um ihn vom Kampfgeschehen abzulenken. Hinweise darauf in Richtung Schule verhallten unbeachtet.

Auch die Gruppeneinteilung für den Kursunterricht gestaltete sich regelmäßig als Highlight der Fehlorganisation und bot ordentlich Zündstoff.

Halbjährlich versammeln sich dazu alle Schüler eines Jahrgangs vor den Türen der Mensa. Was dann geschieht, gestaltet sich jedes Mal ähnlich. Frühestens zehn Minuten nach dem Stundenklingeln erscheint zumindest ein Vertreter der Kursleiter, um die Türen zur Mensa zu öffnen. Daraufhin drängeln, stürzen und poltern zirka 80 Schüler durch die zu passierende Engstelle in das Innere der Veranstaltungshalle. Bei der, meiner Berichterstattung zugrunde liegenden Kurseinteilung, vergingen dann weitere zehn Minuten, ehe Ruhe einkehrte und jeder Schüler Platz genommen hatte. Diese Zeit benötigten auch die restlichen Kursleiter, um am Ort des Geschehens anzukommen. Nun endlich begann die Zuteilung. So man Glück hatte, stand die Lehrkraft seines Kurses- um welchen es sich handelte war bis dahin noch nicht bekannt- an der Bühne und nahm ihren durch namentlichen Aufruf der einzelnen Mitglieder entstandenen „Haufen" mit in den entsprechenden Fachraum. Hatte man Pech, war entsprechender Lehrer krank, anderwärtig verhindert oder eben einfach nur nicht da. Das hatte dann zur Folge, dass bis dahin noch nicht bediente Schüler zirka 45 Minuten in der bereits wieder tobenden Halle saßen und erfolglos auf den Aufruf ihres Namens warteten. Bestenfalls hatte die Schulleitung in diesem Fall für eine Vertretung gesorgt, welche sich dem Rest der Meute annahm und ihn die verbleibende überschaubare Zeit beschäftigte, anderenfalls blieb der weitere Verlauf zunächst unklar.

Lukas hatte zweimal Pech, und diese Umstände brachten sein Gefühlsleben außerordentlich in Wallung.

Vielleicht kann man sich ansatzweise vorstellen, wie es Lukas zu dieser Zeit ging, wenn man an seine eigene Schulzeit zurück denkt. Ich erinnere mich daran, dass der Beginn eines neuen Schuljahres prinzipiell sehr aufregend war. Man war neugierig und aufgekratzt. Neue Lehrer wurden auch bei uns ausgetestet und auf Strapazierfähigkeit geprüft. Es dauerte meist ein paar Wochen, ehe sich die Lage an der Front beruhigt hatte und produktive Ruhe im Klassenverband eintrat.

Nun übertrage man diese Gedanken und entsprechendes Empfinden in das Jahr 2012 und stelle den kleinen Kaputten in den Mittelpunkt des Geschehens. Er musste es nicht nur schaffen, seine eigenen Ängste zu beherrschen, sondern war zusätzlich mit dem revolutionären Tun der Klasse belastet.

Die Tatsache, dass nur wenige der Akteure an der Tafel Kenntnisse oder Erfahrungen im Umgang mit Autisten hatten und dementsprechend auch nicht in der Lage waren, die Hilferufe von Lukas zu deuten, ihm die Hand zu reichen und ihm Sicherheit zu vermitteln, machte die Gesamtlage in den ersten Wochen für ihn nicht besser.

Eintragungen in meinem Arbeitstagebuch zu dieser Zeit ähneln sich. Zusammenfassend folgend ausgewählte Stichpunkte:

-Anspannung hoch, kurz vor Explosion
-Tafelbild: Übernahme und Abwandlung dessen fällt ihm schwer, Anspannung steigt
-zwei Schüler werden namentlich als Problem benannt
-Mitarbeit gleich null
-Tic´s deutlich ausgeprägt

-Lukas zappelt, ruft rein, kann sich nicht konzentrieren
-Pausenverhalten grenzwertig
-Lukas baut Papierflieger
-Lukas singt laut im Unterricht, ist beleidigt bei
 Maßregelung
-Lukas hetzt Mitschüler auf, stiftet andere an
-Lukas beschreibt im Erdkundeunterricht einen
 Toilettengang
 als Verkehrsweg, ohne dafür Beifall zu erhalten
-Abmachung, in Sichtweite zu bleiben wird häufig nicht
 eingehalten
-keine Vorgabe der Gliederung für eine Präsentation!
 Lukas findet keinen Anfang, Anspannung steigt. Aufgabe
 kann in der Form nicht bearbeitet werden
 (Wird nach Rücksprache mit dem Fachlehrer von mir
 erarbeitet)
-freie Themenwahl bei „Power Point" Präsentation- Lukas
 hat auch nach vier Unterrichtsstunden noch keines
 gefunden
-Hinweis an die Lehrkraft und ein Verweis auf
 Festlegungen im Nachteilsausgleich erfolgten
-häufig fehlende Pausenaufsichten
-Sitzplatzänderung schlecht
-Käppi ist immer wieder Thema bei Lehrern
-„Gastschüler" im Unterricht
-nicht verstandene Aufgabenstellungen
-permanent verspäteter Unterrichtsbeginn
-ungesteuerte Gruppenarbeit
-„Pausenspiel" in der Toilette; alle machen mit; keiner
 unterbindet das wilde Treiben;
 Lukas lässt sich nur schwer von der Teilnahme am Spielgeschehen abhalten

Ständig sprach ich die Klassenlehrerin an, um einen zeit-
nahen Termin für eine Gesprächsrunde zwischen Elternhaus,
Schule, Förderschullehrerin und mir zu finden. Ich wies auf die

meiner Meinung nach dringend notwendige Fortbildung der Lehrkräfte hin, unterbreitete konkrete Angebote. Ich begründete meine Befürchtung mit dem Anführen von konkreten Beispielen. Ich stieß auf sehr viel Desinteresse und Gleichgültigkeit und auch Ablehnung.

Gespräche mit der Hauptverantwortlichen verliefen in der Form, dass ich mein Anliegen einen Schritt hinter ihr herlaufend äußern konnte. Dafür stand mir ein Zeitraum von maximal zwei Minuten zur Verfügung. Diese Zeit benötigt man in etwa für das Absolvieren der Strecke vom Klassenraum zum Lehrerzimmer.

Auch die Schulleitung sah keine Notwendigkeit, alle Lehrer zu schulen. Diejenigen, welche sich freiwillig einer Fortbildung unterzogen, waren eben auch genau diese, die es eigentlich nicht vordringlich nötig gehabt hätten, da sie dem Umgang mit Lukas gewachsen waren…

Der Englischunterricht, jetzt in der Hand eines nicht nur in der Klasse sondern auch an der Schule neuen Lehrers, wurde zum Machtkampf zwischen der gesamten Klasse und ihm. Gewisse Normen und Leistungswillen voraussetzend hatte er sich dadurch blitzschnell einen nicht unwesentlichen Teil der Klasse zum Feind gemacht.
Auch Lukas fiel es damals schwer, den Unterrichtsstil und die Verhaltensweisen des Neuen einzuordnen. Der Tatsache, dass Deutsch nicht die Muttersprache des Lehrers war, war es auch geschuldet, dass es nicht selten zu Missverständnissen zwischen allen Beteiligten kam, was mitunter Reaktionen und Maßnahmen zur Folge hatte, die Lukas ungerecht erschienen. In Bezug auf die besondere Situation, welche die ASS und meine damit verbundene Anwesenheit im Klassenverband schaffte, war der Neue sehr aufgeschlossen, kooperativ und stets um eine gute Zusammenarbeit bemüht.
In zahlreichen Gesprächen mit Lukas, aber auch mit anderen Schülern der Klasse, warb ich um Sympathie für den „Engländer". Immer wieder griff ich Situationen auf, die nicht nur un-

mittelbar Lukas betrafen, aber dennoch einen enormen Spannungsanstieg bei ihm zur Folge hatten und Stress produzierten. Nur bedingt konnte er sich jedoch auf meine Sichtweisen einlassen, war total überfordert. Letztendlich schlug er sich auf die Seite seiner Mitschüler und übernahm die „Anwaltsrolle" im Kampf gegen Wissensvermittlung und Normdurchsetzung.

Auch das Pausenverhalten wurde zunehmend unkontrollierbar. Die gesamte Klasse spielte Fangen. Spielfeld war dafür der gesamte Flur einschließlich der dort vorhandenen Toiletten. Diese stellten das so genannte „Pix" dar, aber auch ein Pix bot keine Sicherheit, sondern eher eine besondere Herausforderung, für ein Fangenspiel mit Hindernissen. Es war ein besonderer Reiz für die Jungen, auf den Toiletten Schutz suchende Mädchen aufzuspüren, sie dingfest zu machen und sie trotz lautstarken Widerstands aus ihrem Versteck zu entfernen, um sie dem Fangenspiel auf dem Flur wieder als „Opfer" zur Verfügung zu stellen. Bei diesem „Materialrecycling" wurde selbstverständlich nicht mit dem Einsatz körperlicher und verbaler Gewalt gegeizt.

Über einen Zeitraum von mehreren Tagen gelang es mir, Lukas von der Teilnahme an diesem Treiben fernzuhalten, indem ich ihn in Gespräche über seine Haustiere, seinen PC, oder eigene Befindlichkeiten verwickelte. Immer wieder ließ ich dabei auch bewertende Bemerkungen bezüglich des aufregenden Treibens an und in den Toiletten mit einfließen. Jede Pause war eine Zerreißprobe und unvorstellbar anstrengend für Lukas und auch für mich. Ständig auf die Uhr schauend und die Minuten bis zum Stundenklingeln zählend, ersehnte ich das Ende jeder Pause herbei. Vergeblich hoffte ich auf das energische Durchgreifen einer Pausenaufsicht.

Mir selbst stand es ja, wie bereits erwähnt, nicht zu, tobende Jugendliche vom Flur zu entfernen und dem Pausenhof zuzuführen. Also hieß es; Aushalten und hoffen, dass Lukas Gleiches tat!

2.10.2012

    Mathe

    -keine Besonderheiten

    Biologie

    -Raumwechsel zu Unterrichtsbeginn

    Pause

    -Rabatt-Klebe-Etiketten, eine ganze Rolle von einem
      Mitschüler mitgebracht und an Interessenten im
      Klassenverband großzügig verteilt

    -Lukas „tapeziert" damit sein Gesicht, hofft, sich somit
      zum anerkannten Mitglied der „Aufkleber-Fan-Gruppe"
      zu machen

    Biologie

    -Aufforderung, Kleber zu entfernen

    -Lukas tut dieses nur zum Teil

    -erneute Aufforderung durch die Lehrerin

    -Anspannung ist hoch, Lukas tut es mit sichtbarem
      Widerwillen

    -arbeitet unter höchster Anspannung!!

    Pause

    -Spiel auf den Toiletten

    -keine Aufsicht

    -Lukas ist nicht zu halten, beteiligt sich…

…ungelenk und poltrig übernahm Lukas den Part des „Materialbeschaffers" und bezog Stellung an der Hauptkampflinie, welche sich im Vorraum der Mädchentoilette befand. Von einer dort durch ihn „gestellten" Zielperson abgegebene Missfallensbekundungen, wurden von Lukas nicht als ernstgemeint erkannt und hielten ihn somit auch nicht von seinem Tun ab. Befreiungsversuche seiner Mitschülerin blieben erfolglos. Obwohl sie wusste, welche Bedeutung die Kopfbedeckung für Lukas hat und welche Reaktion man mit der Entfernung dieser provozierte, setzte sie in ihrer Not zum vermeintlichen Befreiungsschlag an und riss ihm das Base Cap vom Kopf ...Das gab mal wieder Ärger!!...

Da sich das eigentliche Geschehen im „geschützten" Bereich der Toiletten abspielte, war mir der Ablauf nur aus anschließend stattfindenden Gesprächen bekannt. Als Erstes initiierte der Englischlehrer ein kurzes Gespräch zwischen Realschulzweigleiterin, Lukas und dem Mädchen. Das war sehr wichtig und gut, dem Vorfall sofort eine Reaktion folgen zu lassen! Lukas bekam in Folge dessen einen Termin für eine Krisensitzung und den Auftrag, in dieser, Klärungsvorschläge zu unterbreiten.

Meine Gedanken gingen sofort in die Richtung, wie das alles hätte vermieden werden können. Immer wieder kam ich dabei zu dem Ergebnis, dass eine anwesende und funktionierende Pausenaufsicht die Lösung und der Weg zum Ziel gewesen wäre. Wäre die Schule ihrer Verantwortung in diesem Punkt nachgekommen, hätte diese Eskalation vermieden werden können. Da es auch in Folge dieses Vorfalls und trotz wiederholtem Hinweises meinerseits, bezüglich der Notwendigkeit von Pausenaufsichten, nicht möglich war, diese zu gewährleisten, konnten weitere Vorkommnisse auch in Zukunft nicht ausgeschlossen werden!

Bis zur Möglichkeit der Darlegung seiner Gedanken, im angekündigten Krisengespräch, waren es noch zwei Tage. Zu den ohnehin schon beschriebenen ungünstigen Faktoren an der Schule, die unverändert auf ihn einwirkten und sich auch nicht zu ändern schienen, addierte sich nun noch das Problem „Krisengespräch" und die darin erwartete Stellungnahme von Lukas. Seine Schmerzgrenze war erreicht, verhältnismäßig lange hatte er gekämpft, aber nun half auch meine Anwesenheit nicht mehr. Die Fremdreize „erschlugen" ihn, er konnte nicht mehr an sich halten, und es kam direkt am Tag des Tribunals zu einem folgenschweren Zwischenfall, den ich in folgendem schildere.

Diesmal war der Englischlehrer Ziel von massiven verbalen Entgleisungen. In den letzten Wochen mangels notwendiger Intervention angesammelter Zündstoff musste nun zur Explosion gebracht werden. Lukas konnte seine Anspannung nicht mehr aushalten und kontrollieren. Das Empfinden einer Ungerechtigkeit im Englischunterricht veranlasste ihn, den Lehrer mit Vokabular aus der „untersten Schublade" zu überraschen. Diese Wortattacke kam so schnell und impulsiv, dass sowohl der Lehrer als auch ich zunächst sprachlos waren. „Was war das denn?!!!"

Ich wäre am liebsten im Boden versunken, mich ergriff das Gefühl des, wie man es heut so schön bezeichnet- Fremdschämens-, obwohl es nicht ganz den Kern trifft. Ich fühlte mich, als hätte ich selber diesen verbalen Angriff gestartet und erfolgreich ins Ziel gebracht.

Es sei dazu gesagt, dass Lukas nicht empfinden konnte, wie verletzend und unangemessen seine Wortwahl war. Gefühle zu verstehen, lernte er erst später.

Während Lukas seinen Blick triumphierend in Richtung seines Opfers schweifen ließ, wagte ich kaum den meinen vom Boden abzuwenden. Die Sekunden bis zum Zeitpunkt, da der Lehrer wieder handlungsfähig war, kamen mir vor wie eine Ewigkeit. Die Blicke der gesamten Klasse, erschrockene, entsetzte, belustigte, anerkennende, waren auf Lukas und mich gerichtet. ...Endlich kam die erlösende Aufforderung: „RAUS!".
...

Meine Anspannung war auf einem Höchstmaß. Jeder von uns kennt dieses Gefühl, wenn das Herz im Kopf pocht, das Gehirn vernebelt ist und man nicht in der Lage ist, einen klaren Gedanken zu fassen. So ähnlich muss Lukas gefühlt haben, bevor er sich „Luft machte".

Wie sollte ich das Gespräch beginnen? Hätte ich den Vorfall verhindern können? Welche Konsequenzen folgten jetzt?

Ich fühlte mich erschlagen, war traurig, enttäuscht und wütend. Traurig, weil ich Lukas nicht vor dieser erneuten Niederlage schützen konnte und unendlich wütend, wütend darauf, dass im Vorfeld viele der Pädagogen nicht bereit waren, auf Lukas zuzugehen, seine Not zu sehen, seine und meine Hilferufe zu hören. Ich war enttäuscht und entsetzt von vorherrschender Ignoranz und Unfähigkeit.

Aber auch Lukas war Grund meines Ärgers, da er sich gerade den netten Englisch-Teacher als Zielscheibe für seinen Spannungsabbau aussuchte und sich damit maximalen Ärger einhandelte.

Lukas hingegen war vollkommen entspannt, wirkte gelöst und befreit, die Anspannung der letzten Wochen schien verflogen. Sein Kommentar: „Das musste jetzt sein! Das wollte ich ihm schon immer mal sagen! Das tat gut!"

Rückblickend waren diese Ereignisse der entscheidende Knackpunkt. In dem an diesem Tag sowieso geplanten Gespräch mit der Realschulzweigleiterin wurde zunächst die „Toilettengeschichte" thematisiert. Lukas bekundete seine Bereitschaft, sich sowohl mündlich, als auch schriftlich bei seiner Mitschülerin für sein Verhalten zu entschuldigen. Was ihm - wie bereits erläutert- außerordentlich schwer fällt. Seine verbalen Entgleisungen im Fremdsprachenunterricht wurden nur kurz zur Sprache gebracht. Die weitere Aufarbeitung überließ man der Förderschullehrerin und mir. Sie schaffte es auch relativ zeitnah, Lukas und Herrn Englisch an einem Tisch zu vereinen und bemühte sich, als Schlichterin, die Wogen zu glätten. Dieses Vorhaben glückte jedoch nicht im ersten Gang. Aber darauf komme ich gleich, nach abgeschlossener Berichterstattung bezüglich des Krisengesprächs, zurück.

Anstatt nach Ursachen für Lukas Verhalten zu forschen und Möglichkeiten zur Prävention zu erarbeiten und entsprechende Maßnahmen zu ergreifen, beschränkte sich das Gespräch inhaltlich darauf, Lukas zu maßregeln. Hauptinhalt war das Tragen seines Base Caps mit der Aufschrift „Crazy". Erstaunlicherweise ließ sich Lukas auf dieses Gespräch ein, erklärte unter Tränen welche Bedeutung diese „Tarnkappe" für ihn hat, und dass die Botschaft auf dieser, von ihm gewollt und vertretbar war.

Drei Punkte stehen in meinem Tagebuch als Ergebnis:

1. Entschuldigung an Schülerin für die Verfehlung in der Pause
2. Entschuldigung schriftlich an den Englischlehrer
3. „Das Kappenproblem" muss gelöst werden!

Das Stattfinden einer Klassenkonferenz konnte zum Glück verhindert werden.

Ich beantragte die Freistellung von Lukas für mindestens drei Tage und das Einräumen der Möglichkeit- bis zur Klärung des Problems zwischen Lukas und dem Englischlehrer- des separaten Bearbeitens von Englischaufgaben.

Zudem verwies ich nochmals mit viel Nachdruck auf die Notwendigkeit und Möglichkeit einer Schulung aller in der Klasse unterrichtenden Fachlehrer und der Mitschüler.

Die Ereignisse- wenige Tage vor den Herbstferien- waren das absolute Fiasko, ein erneuter Tiefschlag für Lukas und mich.

Wir kämpften uns durch.

Die mit dem Ziel der Klärung des Vorfalls im Englischunterricht stattfindenden Gespräche zwischen dem Englischlehrer und dem Angreifer verliefen nicht zufriedenstellend. Um erneute Konfrontationen zu vermeiden, bearbeitete ich die Englischunterrichtsinhalte immer noch separat mit Lukas. Auf die Entscheidung darüber, wie lange das möglich war und auf Vorgaben über das weitere Vorgehen, hofften der Fachlehrer und auch ich vergeblich. Wir fühlten uns in dieser Zeit von der Schulleitung im Stich gelassen, erwarteten klare Entscheidungen und Maßgaben.

Die aus der Ungewissheit resultierende Anspannung aller Beteiligten und der Unmut darüber, trübte auch das zuvor positiv geprägte Arbeitsverhältnis zwischen ihm und mir.

Lukas war weiterhin sehr unausgeglichen und spannungsgeladen. Meine Hauptaufgabe bestand darin, ihn nahezu schadenfrei- über einen Zeitraum von zirka zwei Wochen- bis hin zu den Ferien zu bekommen. Wir nutzten jede Möglichkeit, um

Reflexionsgespräche zu führen. Unsere Paartherapeutin von der Förderschule unterstützte uns in vielfältiger Form und war eine wichtige Stütze in dieser Zeit. Die Lehrer wurden über die instabile Gefühlslage von Lukas informiert und zur Mitarbeit in der Form gebeten, Lukas, bei Bemerken von erhöhten Spannungszuständen, des Raumes zu verweisen. Hauptmethode meiner Arbeit war das „Entfernen" des kleinen Freaks aus Konfliktsituationen und präventiv das Vermeiden solcher, so es möglich war.

Er erfuhr in dieser Phase, dass es wichtig ist, sich einer Situation zu entziehen, wenn man spürt, dass sie nicht beherrschbar ist, und zum anderen, dass es möglich und sinnvoll ist, bei Erkennen von Stress auslösenden Situationen, diese schon vorab zu meiden. An den zu dieser Zeit gehäuft stattfindenden Vertretungsstunden, nahm ich mit Lukas nur teil, so sie fachgerecht vertreten wurden, was nur in etwa zehn Prozent der Fall war. Diese gewonnene Zeit nutzten wir wiederum für Gespräche oder die Erledigung der Hausaufgaben.

Alle Beteiligten waren überglücklich, als der Tag gekommen war, an welchem der Wecker nicht klingelte und im Kalender „Herbstferien" zu lesen war!

Die Evaluierung meiner Arbeit bis zu diesem Zeitpunkt brachte für mich die Erkenntnis, dass ich mich vom Gedanken der inklusiven Arbeit an dieser Schule verabschieden musste. Dementsprechend musste ich eingesetzte Methoden abwandeln und meine Zielformulierung ändern, nun hieß der neue Kampfauftrag „Integration", statt Inklusion.

Für Lukas bedeutete es „Friss, oder stirb!". Für meine Arbeit mit ihm bedeutete es, ihn so stark zu machen, dass er das System aushielt, ohne Ängste und Aggressionen aufzubauen. Ich musste ihm die Welt und seine Rolle darin so gut vermitteln, dass er sich sicher in ihr fühlte. Er benötigte Verfahren, um Stress abzubauen zu können. Ich musste verschiedene Blickwinkel öffnen, andere Menschen und deren Gefühle erklären, Abläufe strukturieren, Netzwerke bauen, bedingungslos in seine Welt eintauchen, um ihn jederzeit da abholen zu können, wo er gerade war und Hilfe brauchte. Eine hundertprozentige Vertrauensbasis war dafür notwendig, ein Verhältnis geprägt von Offenheit, Ehrlichkeit, gegenseitigem Respekt und Authentizität. Konnte ich das alles leisten? Würde Lukas kämpfen und bestmöglich mitarbeiten??

Der Versuch, ihn für einen Schulwechsel zu begeistern, der es ihm vermeintlich leichter gemacht hätte, scheiterte kläglich. Es gab bereits Schulen, die personell und von der Ausstattung her hervorragende Voraussetzungen zum inklusiven Arbeiten boten und das auch taten! Diese Möglichkeit lehnte Lukas kategorisch ab. Zu sehr fühlte er sich mit seinen Mitschülern verbunden.

Also vermittelte ich ihm unmissverständlich, dass es dann an ihm war und er für diese Entscheidung hart arbeiten musste. Nochmaliges Fehlverhalten hätte ohnehin den Verweis von der Schule zur Folge gehabt.

Zum damaligen Zeitpunkt empfand ich diese Tatsache ehrlich gesagt als erstrebenswert, allerdings ahnte ich da auch noch nicht, wozu dieser kleine Freak tatsächlich bereit und in der Lage war!

… Das kleine Bäumchen wuchs, am dicken Balken Halt und Sicherheit findend. Die Wurzeln begannen sich im Boden zu verzweigen und boten zunehmend Stabilität. Der Stamm wuchs gerade, und die Krone schmückten nach und nach kleine bunte Blätter. Kleineren Böen trotzte das Bäumchen, vor Stürmen musste es noch geschützt werden, um ein Abknicken zu verhindern…

Die Ferien waren vorbei, wie immer viel zu kurz, und doch konnte ich neue Kräfte sammeln. Gleiches hoffte ich auch für meinen „Partner". Es war wie ein Neustart. Die Weichen waren neu gestellt und mit den Gedanken daran im Kopf, stand ich nun zu gewohnter Zeit, an gewohntem Ort und erwartete den „Hauptdarsteller"! Was dann- überpünktlich!!!- aus dem „Richter- Transporter" entfernt und in meine Obhut übergeben wurde, hatte ich nicht erwartet!

   LUKAS HATTE KURZE HAARE!!
Um die Überraschung perfekt zu machen, hatte er sich über seine „Schuluniform" (diese bestand aus Jogginghose und T-Shirt) eine Jeans angezogen. Die Jeans allerdings ließ er kurzerhand wieder die Heimreise antreten.
 Als die erste Verblüffung verschwunden war, machte sich ein tiefes Glücksgefühl breit. In diesem Moment konnten nur wenige Menschen empfinden, was das für ein entscheidender Schritt für Lukas war, sich seine Haare abschneiden zu lassen. Es war ein deutliches Signal vom kleinen Freak, eine Kampfansage, ein Beweis dafür, dass wir auf dem richtigen Weg waren und Lukas bereit, war sein Ziel zu erreichen!!
 Die Krönung des Ganzen war das vorsichtige Lächeln, welches sich in seinem Gesicht abzeichnete. Logisch, dass er sich das nicht verkneifen konnte, als er meinen verdatterten Blick sah.

Zu Beginn der zweiten Unterrichtswoche war eine Schulung aller unterrichtenden Lehrer und der Schüler des Klassenverbandes geplant. Dieses wurde durch eine Vertreterin der Schubus organisiert und durchgeführt. Die Schubus ist ein mobiler Dienst, eine Gruppe von Sonderpädagogen, welche der Schule, den Eltern und anderen Hilfesuchenden beratend zur Seite steht.
Wenn auch das Interesse und die Aufmerksamkeit einiger Lehrkräfte während der Veranstaltung zu wünschen übrig ließen, verzeichnete ich die Durchführung dieser trotzdem als kleinen Erfolg. Es machte zumindest den Eindruck, als hätte nun endlich auch Institution Schule die Notwendigkeit einer fachlichen Auseinandersetzung mit „Anderssein" und entsprechender Weiterbildung erkannt.

Kein Arzt würde sich an die Operation eines Patienten wagen, ohne sich vorab mit dem Krankheitsbild und dem Ablauf der Operation zu beschäftigen.

Keine Schwester setzt eine Injektion, ohne Kenntnisse über Indikation, Durchführung und mögliche Nebenwirkungen zu haben; kein Mensch versucht ein Auto zu reparieren, ohne über grundlegende Kenntnisse darüber zu verfügen. Bei allem was man tut, was man richtig und gut machen möchte, erkundigt man sich vorab, wie es am besten gelingen kann. Warum meinen dann manche Pädagogen, dass Kenntnisse über Erscheinungsformen und Interventionsmöglichkeiten bei Behinderungen nicht nötig sind, um seine Arbeit erfolgreich zu gestalten und den Schülern gerecht zu werden?!

Das „Problem" mit dem Englischunterricht war auch nach den Ferien nicht geklärt. Also beschloss ich Lukas dem Unterricht wieder zuzuführen, so er sich dazu in der Lage fühlte und dazu bereit war und auch der Englischlehrer sein Einverständnis gab.

Wir starteten wie gewohnt in den Schulalltag. Lukas machte einen relativ entspannten Eindruck, kämpfte aber mit der „Zeitumstellung". Am Englischunterricht nahmen wir wieder teil. Da es keine klaren Vorgaben und Entscheidungen seitens der Schulleitung gab, kam es zu kleineren Reibereien und Missverständnissen zwischen dem Fachlehrer und mir, welche aber in einem ausführlichen Gespräch ausgeräumt werden konnten. Dieses Gespräch läutete auch die endgültige Wende im Fach Englisch ein. Alle Beteiligten konnten sich wieder in die Augen schauen und bis heute entwickelte sich ein, respektvolles, verständnisvolles, konstruktives und fast freundschaftliches Miteinander. Lukas arrangierte sich immer besser mit den Lehrinhalten des Englischunterrichts und mit deren Vermittler. Vom Unterrichtsfach, welches im ersten Gespräch mit dem kleinen Sonderling eindeutig mit 6 bewertet wurde, entwickelte es sich nun zu einem, das in Verbindung mit der

Unbeliebtheitsskala gar nicht mehr in Erscheinung trat. Herr Englisch bändigte auch den Rest der Klasse und erreichte in seiner Arbeit- nicht nur bei Lukas- sehenswerte Erfolge. Es war ein harter Kampf für ihn- mit gefühlt mehr Tiefen als Höhen. Oft hatte er nicht nur die Klasse, sondern auch deren Oberhaupt gegen sich. Aber er hielt durch und belohnt wurde er, wenn auch erst geraume Zeit später, mit der durch ihn von Beginn an eingeforderten leistungsorientierten Arbeitseinstellung und einer produktiven Arbeitsatmosphäre. In seinem Unterricht lernte Lukas die Arbeit in Gruppen. Stets hatte der Lehrer dabei ein Auge auf die besondere Situation, hinterfragte Aufgabenstellungen, tauschte sich mit mir aus und suchte das Gespräch mit Lukas. Der kleine Freak fand immer weniger Gründe, ihn nicht zu mögen, und wenn es doch mal vorkam, dann halfen Gespräche, Situationen zu erklären und Verständnis zu entwickeln. Der Englischunterricht war nach den Mathematik-Stunden, einer der ersten, die es mir möglich machten, die „Manndeckung" etwas zu lockern, um beginnend mit einer Sitzposition-drei Bänke hinter Lukas letztendlich ganz den Raum zu verlassen.

Heute, zu Beginn des zweiten Schulhalbjahres der achten Klasse, gehört er zu den Pädagogen, die bei Lukas ein „Stein im Brett" haben. Lukas beteiligt sich am Unterricht, erledigt ordnungsgemäß seine Hausaufgaben, lernt für Klassenarbeiten und Vokabeltests und ist einer der Besten im Fach Englisch. Den Unterricht bewältigt Lukas ohne Stress, auch ohne meine direkte Anwesenheit.

Da ich nun schon im „Heute" bei der Berichterstattung über die hervorragende Wende im Fach Englisch angekommen bin, betrachte ich diese hiermit als abgeschlossen und verzichte- irgendwann im letzten Kapitel gelandet- auf eine weiterführende Schilderung.

Der Mathematikunterricht lief, wie bereits erwähnt, von Anfang an problemlos. Die Klasse war dankbar für den Erhalt eines engagierten, motivierten und durchaus fähigen Paukers im Rechenunterricht. Auch Lukas fühlte sich sicher und animiert vom lebhaften Unterricht. Das äußerte sich darin, dass er fleißig und konzentriert arbeitete und manchmal sogar mit guten Beiträgen zur Bereicherung des Unterrichtsgeschehens beitrug. Das Bemerkenswerteste war jedoch, dass Lukas zu Beginn einer jeden Unterrichtsstunde, unaufgefordert! sein Käppi abnahm. Das war gleichzusetzen mit einem „Ritterschlag" für den entsprechenden Lehrer! Chapeau! Im wahrsten Sinne des Wortes!

Für das gemeinsame Erledigen der Hausaufgaben hatten wir zwei feste Stunden in der Woche beantragt und vom Jugendamt genehmigt bekommen. Nach mehreren Rücksprachen war es mir auch gelungen, einen festen Raum für das ungestörte Arbeiten an den Hausaufgaben zu ergattern. Anfänglich war es nicht leicht. Lukas musste es erst lernen, mich als kompetenten Partner auch im Bereich der Hausaufgaben zu zulassen. Da ich aber im Unterricht jede Stunde neben ihm saß und den Unterrichtsstoff gleichermaßen bearbeitete, meine Mitschriften und Arbeitsblätter mit seinen übereinstimmten, erkannte er recht schnell, dass ich organisatorisch und intellektuell in der Lage war, die Hausaufgaben mit ihm zu erledigen und ließ sich nach und nach auf diese Zweckgemeinschaft ein. In der Anfangsphase dieses Projekts kam es vereinzelt zu explosiven Entladungen in der Form, dass Aufgabenhefte, Bücher, die Federtasche oder sogar ein Stuhl durchs Klassenzimmer flogen. War damit der erste Frust bekämpft, die erste Spannung entladen, musste aber häufig auch noch die Wand den einen oder anderen Hieb hinnehmen. Nach erfolgreicher Absolvierung dieser Hochleistungstrainingseinheit dauerte es in etwa nochmal fünf Minuten, die Lukas zusammengekauert mit Blick zur Wand, schweigend und wild atmend benötigte, um sich dem eigentlichen Grund unser Zusammenkunft widmen zu können.

Ursache für Theatervorstellungen dieser Art waren zum Beispiel für Lukas unverständliche, zu umfangreiche, nicht strukturierte, nicht eindeutig gestellte Aufgabenstellungen, unübersichtliche Arbeitsblätter oder kompliziert formulierte Inhalte- für Autisten typische Problemfelder. Daran galt es zu arbeiten. Vor Beginn der Auseinandersetzung mit den ungeliebten Aufgaben versuchte ich durch Gespräche das Anspannungslevel bei Lukas auf ein Maß zu bringen, dass ihm eine stressfreie Beschäftigung mit eben diesen ermöglichte. Die Reihenfolge der Abarbeitung gab ich ihm indirekt so vor, dass Stress auslösende Aufgaben als letztes bearbeitet wurden. „Verdächtige" Aufgabenstellungen bearbeitete ich vorab und machte sie, so möglich, "lukastauglich". Wenn gar nichts ging, wurden erkannte Probleme an den entsprechenden Fachlehrer weitergegeben und das Fehlen von Hausaufgaben entschuldigt. Immer mehr trat für Lukas die Erkenntnis in den Vordergrund, dass es besser war, diese üble Beschäftigung in der Schule zu absolvieren, da es ihm infolge dessen die konsequente und uneingeschränkte Zuwendung zu seiner Kommandozentrale in heimatlichen Gefilden ermöglichte.

Dementsprechend wurden Ausfallerscheinungen weniger und Arbeitsweisen zielgerichteter. Diese gemeinsame Aktivität wurde ein wichtiger und gewinnbringender Bestandteil unserer Arbeit. Sie bot die Möglichkeit für das Erlernen bestimmter Arbeitstechniken und für die gemeinsame Evaluierung unserer Arbeit eines überschaubaren Zeitraumes, oder eben für das Führen von Reflexionsgesprächen in geschützter Atmosphäre. Parallel geführte Hausaufgabenhefte stellten sicher, dass bezüglich erteilter Aufgaben keine Informationen verloren gingen. Außerdem dienten diese dem täglichen Austausch zwischen Mutti-Richter und Schulbegleitung. Jede für Nichtwisser häufig nebensächlich erscheinende Mitteilung war notwendig, um mit Lukas erfolgreich zu arbeiten. Er musste spüren, dass sein Sicherheitsnetz keine Löcher hatte.

Stück für Stück ging es voran. Ungeachtet der zum Teil misslichen Umstände, begann die „Menschwerdung" des kleinen Freaks. Die Veränderung des äußeren Erscheinungsbildes war Ausdruck der wachsenden Selbstsicherheit und Startschuss für eine erstaunliche Wandlung. Lukas arrangierte sich mit den Erscheinungsformen des Schulalltages, erarbeitete Bewältigungsstrategien und erfuhr im Ergebnis dessen immer mehr Bestätigung. Immer mehr gewann er an Sicherheit im Umgang mit Ausfallstunden, Raumwechseln, Vertretungslehrern, Unruhe und Ähnlichem. Ungünstige Sitzplatzzuweisungen, unstrukturierter Unterricht, überfüllte Pausenhallen, Ungerechtigkeiten, hatten die Gewalt über ihn verloren und führten nicht mehr unweigerlich zur Verunsicherung und entsprechendem explosiven Verhalten. Situationen, welche in ihm anfänglich enorm viele Ängste und eine damit verbundene hohe Anspannung hervorriefen, begann er in enger Begleitung zu bewältigen. Das wiederum ermöglichte ihm das Setzen weiterer Ziele- über deren Erreichen er seine Persönlichkeit weiter stärken konnte.

Zwischen Lukas und mir entwickelte sich eine enorme Vertrautheit. Zum Ende des siebten Schuljahres begann ich sogar seinen Ausführungen Paroli zu bieten, wenn ich es für angebracht und notwendig hielt, weil meine Ansichten andere waren.

Es entwickelte sich eine Symbiose, ein gegenseitiges Wachsen, eine sehr hohe Akzeptanz, Toleranz, eine tiefe Vertrautheit und Offenheit.

Mit wachsendem Selbstwertgefühl bei Lukas wuchs auch seine Bereitschaft und Fähigkeit, sich mir gegenüber zu öffnen. Er gewährte mir immer tiefere Einblicke in seine Funktions- und Denkweise. Diese nahm ich dankbar auf und machte sie zur Grundlage für die Strategieplanung meiner Arbeit mit ihm. Unsere Gespräche wurden tiefgründiger, die Themen weitgreifender, qualifizierter und gewinnbringender. Lukas konnte nach und nach eigenes Verhalten reflektieren, Ursachen erkennen, Reaktionen bewerten und in Ansätzen steuern. Gemeinsam begannen wir, komplexe Situationen aufzuarbeiten. Je besser Lukas in der Lage war, sein eigenes „Ich" und deren Stand und Funktion innerhalb der Gesellschaft zu verstehen, desto mehr entwickelte er auch das Bedürfnis, Gefühle anderer Menschen zu verstehen. Es gelang ihm immer besser, eigene Befindlichkeiten zu formulieren und sich mitzuteilen. Häufig kämpfte er mit Tränen, wenn er mir gegenüber sein Innerstes nach außen kehrte und versuchte, mir von seinen Zwängen und Ängsten zu berichten. Auch für mich war es häufig sehr ergreifend, was in diesem kleinen Wesen vor sich ging, womit er tagtäglich zu kämpfen hatte, und wie unglücklich er zum Teil war. Sein „Glas war ständig halb leer", und er ertrug es kaum, wenn ich ihm Dinge aus meiner positiven Sichtweise heraus erklärte. Oft beschwerte er sich sogar darüber, ließ es aber mehr und mehr zu. Ich nahm ihn ein Stück weit mit in meine Welt, erzählte von meiner Freude an Sport und Bewegung, gesunder Ernährung, von der Kraft des positiven Denkens. Fast unbemerkt freundete er sich mit einigen Dingen an, ließ sie Teil seiner Gedankenwelt und seines Handelns werden. Um sein Gesicht nicht zu verlieren, kokettierte er mit entsprechenden Verhaltensweisen. Vor circa vierzehn Tagen formulierte er:

..." Die Müller bringt mich um! -Ich treibe Sport und esse Gemüse!"...

Ich denke, dass meine Offenheit Lukas gegenüber, für ihn ein wesentlicher Faktor und Wegweiser in die „Normalität" war und ist.

Spannungsauslösende Situationen wurden nicht weggeredet, aber in Gesprächen erfolgreich aufgearbeitet und somit entschärft.

Lehrer die anfänglich keine Chance gehabt hätten, ohne „besondere Vorkommnisse" ihren Unterricht abhalten zu können, wurden in ihrer Unprofessionalität von Lukas thematisiert, analysiert und akzeptiert. Lukas begann zu verstehen, dass man sowohl Menschen, als auch bestimmte Situationen, nicht ändern kann, lernte sie als gegeben anzunehmen und entwickelte Strategien, die ihm eine erfolgreiche Bewältigung ermöglichten. Wir begannen, gemeinsam über zum Teil chaotische Zustände an der Schule zu lachen. Waren eben diese einst Auslöser für Fehlverhalten, gelang es ihm zum Ende des siebten Schuljahres „über den Dingen zu stehen". Auch stellte ich fest, dass seine Mimik eine ganz andere wurde. Hier und da huschte ein Lächeln über sein Gesicht. Andernfalls gelang es ihm aber auch vorhandenen Missmut durch einen furchterregenden Gesichtsausdruck zu demonstrieren. Ticks waren fast vollständig verschwunden, von psychosomatischen Beschwerden, wie Bauchschmerzen und Übelkeit wurde nicht mehr berichtet. Immer häufiger war Lukas auch in der Lage, in geschützten und überschaubaren Situationen seine Kappe abzunehmen.

Das heißt nicht, dass das alles auf einmal klappte. Nein, ich beschreibe hier einen Prozess, der sich über ein gesamtes Schuljahr erstreckte. Es gab einige Strauchler auf dem Weg dorthin, aber zu Fall kam er nicht mehr; und das war ein gewaltiger Schritt in Richtung Ziel.

Abgesehen von einer sehr guten Zusammenarbeit mit einigen wenigen Kollegen aus der Abteilung „Lehrkräfte", verstand ich mich immer noch als Einzelkämpfer. Wie Lukas, erarbeitete auch ich Bewältigungsstrategien für den Umgang mit Unaufmerksamkeit, Unhöflichkeit, Anstandslosigkeit und mangelnder Kooperation. Immer besser gelang es mir so, meine Position in der Schule zu finden. Ich verlegte mein Augenmerk auf die Stärkung von Lukas und suchte nur bei groben „Verfahrensfehlern" den Kontakt zu entsprechendem Fachpersonal. Zu denen, welche uns bei der Zielerreichung unterstützten, intensivierte und optimierte sich die Zusammenarbeit. Mit einer zum Schuljahresende organisierten Kaffeerunde bedankten sich Lukas und ich, für deren Mithilfe.

Als ich Lukas den Vorschlag unterbreitete, ein gemeinsames Treffen in der Form zu organisieren, war er sofort Feuer und Flamme. Mit Freude und Ideenreichtum gestaltete er Einladungskarten und übergab sie den von ihm auserwählten „Begünstigten".

Leider konnte die Lehrerin, welche den Grundstein für alles gelegt hatte, nicht dabei sein. Ihr hatten wir aber bereits in der Vorweihnachtszeit einen Besuch in ihrer neuen Schule abgestattet und dabei erreichte Fortschritte präsentiert. Bei

Kaffee und Kuchen berichtete er ihr von seinem Vorankommen und bedankte sich auf seine Art und Weise für das von ihr Geleistete. Nun aber wieder zurück zum Sommer- Kaffee-Klatsch.

Nach dem Unterricht packte ich meine Schulsachen und Lukas ein, um gemeinsam mit ihm die „Verwöhn-Runde" vorzubereiten. Stattfinden sollte diese Veranstaltung in meinem Garten. Zu Fuß gingen wir in den ortsansässigen „Konsum", um notwendige Backzutaten käuflich zu erwerben. Der vorab angefertigte Einkaufszettel war dabei grundlegende und notwendige Voraussetzung. Konzentriert transferierte der kleine Freak das Material in den Einkaufswagen und diesen dann nach Prüfung auf Vollständigkeit zur Kasse. Dort wühlte er mit zittrigen Fingern geforderte Menge Geld aus dem entsprechenden Behältnis und übergab es der Kassiererin. Zu allem Unmut musste er anschließend den schweren Einkauf zu mir nach Hause tragen, um ihn im Anschluss gemeinschaftlich, zielorientiert zu verarbeiten.

Es war eine riesen Freude für mich zu sehen, mit welchem Eifer „Bäckermeister Richter" zu Gange war. Unter der fachmännischen Anleitung meines Ehemannes und mir, entstanden so eine hervorragende Karottentorte und ein schmackhafter Rhabarberkuchen. Lukas war voller Eifer dabei, trennte – zwar etwas ungelenk, aber perfekt- Eigelb von Eiweiß, maß Zucker und Mehl in benötigter Menge ab, mixte Zutaten und belegte das Blech. Das Ergebnis der dreistündigen „Therapie-Einheit" konnte sich sehen lassen! Das Backwerk war super, und Lukas erfuhr, dass er auch backen konnte und einkaufen und laufen und, und, und…

Ein ganzer Nachmittag in fremder Umgebung, fernab der Kommandozentrale, ohne Anspannung, ohne Stress und ein weiterer folgte, denn die Verköstigung der Begünstigten in gemütlicher Runde stand ja noch bevor und war für den folgenden Tag geplant.

Es wurde ein schöner Nachmittag, und als besonderes Highlight blieb mir in Erinnerung, dass es Lukas zum Abschied zuließ, dass ich ihn in den Arm nahm! Zu Tränen gerührt realisierte ich diesen für Lukas enormen Schritt. Der kleine Kaputte, der es noch ein Jahr zuvor nicht ertrug, dass ihn jemand freundschaftlich stupste, dem selbst das Aufrechterhalten des Blickkontaktes enorme Mühen abforderte, leistete Großartiges!

Ein weiterer erfolgreicher Entwicklungsschritt war die Bereitschaft von Lukas, auch an Klassenausflügen teilzunehmen. Über den ersten erfolgreichen Trip in Manndeckung- der noch unter der Regie der engagierten Klassenlehrerin stattfand- werde ich jetzt berichten.

Dieser war eine sehr große Herausforderung für Lukas; aber da er selbst den Wunsch zur Teilnahme äußerte, ging ich davon aus, dass er sich grundsätzlich ersteimal der Aufgabe gewachsen fühlte. Vorab bedachte ich mögliche Problemfelder und gestaltete meine Begleitung dementsprechend. Abgesehen von unvorhersehbaren Geschehnissen, gab es Faktoren, die von vornherein zu berücksichtigen waren und besondere Beachtung finden mussten. Dazu gehörten unter anderem die Zugfahrt –Lukas war noch nicht oft in seinem Leben mit dem Zug gefahren-,viele neue Außenreize, fremde Menschen, eine unüberschaubare und unbekannte Umgebung, fremde Geräusche, Zeit- und Ortsvorgaben für das Ein- und Aussteigen, sämtliche Erscheinungsformen der großen Stadt, des Theaters und vieles mehr. Zudem musste das „Toilettenproblem" Berücksichtigung finden! Vor dem Start erfolgten dementsprechend zwischen Lukas und mir klare Absprachen zum Ablauf der Veranstaltung.

Vereinbarungsgemäß sollte dieser Ausflug in Manndeckung stattfinden, welche bei spürbarer Gelassenheit des Hauptdarstellers in angebrachten Situationen auf den bereits beschriebenen Blickkontakt erweitert werden konnte. Schirmherrin der Veranstaltung war, wie bereits erwähnt, die Vorzeigepädagogin. Von vornherein war klar, dass die Verantwortung in ihrer Hand lag. Ihre Anwesenheit und mit ihr vorab getroffene Absprachen bezüglich Präventionsmaßnahmen und möglichem Vorgehen beim Scheitern der Mission, ließen den Tag nicht nur für Lukas zu einem erlebnisreichen und erfolgreichen Tag werden. Die dabei gesammelten neuen Erfahrungen stärkten sein Selbstbewusstsein und bauten Ängste und Unsicherheiten ab.

Auch in der siebten Klasse gab es Wandertage und sogar eine Klassenfahrt war geplant. Bei den Ausflügen zur „Pheno" nach Wolfsburg und dem in einen Freizeitpark waren die bereits gewonnenen Eindrücke und gesammelten Erfahrungen von wesentlicher Bedeutung für das Gelingen. Die Absprachen zwischen Lukas und mir waren schnell getroffen. Er formulierte seine Erwartungen und den notwendigen Unterstützungsgrad, und ich plante, mich dementsprechend im Hintergrund zu halten. Leider fanden zwischen der pädagogischen Leitung –der Klassenlehrerin- und der Schulbegleitung diesmal keine Absprachen bezüglich Verantwortlichkeiten statt. So verlief auch der Pheno-Besuch nicht entsprechend unserer Zielsetzung. Da der Klassenlehrerin meine Rolle und Funktion als Schulbegleitung nicht bekannt war, entledigte sie sich kurzerhand ihrer Verantwortung und überreichte mir die „Last". Schon im Reisebus fehlte notwendige Aufsicht. Aus meinem Verantwortungsgefühl heraus positionierte ich mich wie gewöhnlich inmitten des bunten Treibens. Die Chefin hingegen, diejenige die im Gegensatz zu mir nicht nur das Recht, sondern auch die Pflicht hatte, regulierend einzugreifen, bevorzugte den Sitzplatz der Reiseleitung und nahm dementsprechend direkt hinter der Frontscheibe neben dem Fahrer Platz. Nach dem Verlassen des Gefährtes, war klar, dass Lukas den Messerundgang und das Erledigen der Erkundungsaufgaben unter meiner Regie absolvieren musste, da keine Zuteilung von Lukas zu einer Gruppe durch die Lehrerin erfolgte. Das entsprach nicht im Entferntesten unseren Vorstellungen und Zielsetzungen bezüglich des Wandertages. Für meine methodische und pädagogische Arbeit mit Lukas waren derartige Verhältnisse nicht förderlich.

Mit Übernahme der vollen Verantwortung für den jungen Mann, und damit verbundenen erzieherischen Notwendigkeiten, verließ ich die Ebene, auf welcher ich mit Lukas arbeiten konnte. Wenn ich begann, ihn zu maßregeln, oder direkt erzieherisch auf ihn einzuwirken, begab ich mich automatisch in die Opposition. Aus dieser Position heraus war es mir verständlicherweise nicht möglich, das Vertrauen zu mir zu nutzen, um so wiederum sein Selbstvertrauen zu stärken. Meine Aufgabe war es, ihn abzuholen, vielleicht auch Fehlverhalten erst einmal urteilsfrei auszuhalten, Ursachen dafür zu erkennen, auf „seiner Seite" zu stehen, Sicherheit zu geben und Ängste abzubauen, ihn zu unterstützen unbekannte Situationen zu bewältigen. Kurz gesagt ärgerte es mich enorm, in eine Rolle gezwängt zu werden, durch welche ich Gefahr lief, das sich entwickelnde Vertrauensverhältnis zwischen Lukas und mir zu zerstören.

Trotzdem bemühte ich mich, den Tag für ihn als einen Positiven zu gestalten und in Erinnerung zu behalten, was auch gelang. Mehr oder weniger interessiert erforschten wir gemeinsam die Neuigkeiten aus Natur und Technik und arbeiteten gegebene Aufgabenstellungen ab. Mein Anspruch auf Vollständigkeit und Richtigkeit stieß mitunter auf heftigste Gegenwehr und kostete nicht nur Lukas, sondern auch mir nicht wenige Nerven. Schade, dass das Ergebnis des Forschungsauftrages- wider unseren Erwartungen- nie evaluiert wurde. Für meine weitere Arbeit zog ich den Schluss, Luka's Entscheidungen bezüglich Umfang und Inhalt der Erledigung von Arbeitsaufgaben zu akzeptieren, ihn nicht zu beeinflussen und ihn uneingeschränkt nur in dem Maße zu unterstützen, wie er es einforderte. Schließlich hatte ich ihn im Verlauf des Ausfluges permanent genötigt, eine Aufgabe zu erledigen, die nie jemand sehen wollte. Außerdem war mir deutlich klar geworden, dass ich vor dem nächsten Wandertag über Verantwortlichkeiten aufklären musste. Nach Bekanntgabe des Termins für die Fahrt zum Freizeitpark, ergriff ich sofort die Initiative. Diesmal hatte mir die Klassenlehrerin drei Minuten

Redezeit eingeräumt, um im Unterricht vor der Klasse „vertraulich" mein Anliegen vorzutragen. Das Gespräch endete bei der Realschulzweigleiterin und hatte zum Ergebnis, dass ich anbot, die Begleitung von Lukas und volle Verantwortung für ihn zu übernehmen, da sich die Pädagogin nicht dazu in der Lage sah und eine weitere Begleitperson im Vorfeld nicht akquiriert wurde. Für Lukas bedeutete das, dass er am Ausflug nicht hätte teilnehmen können, wenn ich nicht bereit gewesen wäre, für ihn die volle Verantwortung zu übernehmen. Da arbeiteten wir nun ein Jahr und feierten den Erfolg, dass Lukas Bereitschaft entwickelte, auf „Wanderschaft" zu gehen, und nun sollte er davon ausgeschlossen werden, weil eine Betreuung für diese schulische Veranstaltung nicht gewährleistet werden konnte?!

Diesmal konnte Lukas allerdings selbst entscheiden, ob er am Ausflug in meiner Begleitung und unter meinem Kommando teilnehmen oder einen unbeobachteten Tag in seiner Kommandozentrale verbringen wollte. Lukas freute sich auf diesen Tag und brachte sich verbal voll mit ein in die Vorbereitung und Planung. Seine Entscheidung stand schnell fest, Teilnahme: "Ja!", auch unter erschwerten Bedingungen- welche meine direkte Begleitung- für ihn darstellte.

Als „bekennender Fan" von Vergnügungsparks, und in Anbetracht dessen, dass ich mehr als acht Stunden lückenlos, konzentriert das Verhalten von Lukas beobachten und gegebenenfalls steuern musste, hielt sich meine Vorfreude darauf in Grenzen.

An dieser Stelle, eigentlich viel zu spät, ein riesiges Dankeschön an meinen lieben Ehemann! Jeden Tag fungierte er als Seelenmülleimer und stand mir stets zur Seite, wenn ich mich wieder furchtbar geärgert hatte. In Gesprächen konnte und kann ich meinen Stress abbauen, und wenn ich manchmal ans Hinschmeißen dachte und das Gefühl hatte, gegen Windmühlen zu kämpfen, motivierte er mich erneut, ohne Druck aufzubauen. Was in seiner Macht stand tat er, um mich zu unterstützen. Und so erkannte er auch sofort meine „Bauchschmerzen" in Bezug auf die von mir zugesagte Betreuungsübernahme für Lukas während des Betriebsausfluges. Kurzer Hand nahm er einen Urlaubstag und unterstütze mich mit seiner Anwesenheit bei dem langen „Karusselltag". Danke, mein lieber Marcus!!

Im Folgenden nun gesammelte Impressionen eines Schulausflugs auf den Rummelplatz.

Nach der Busfahrt, welche sitzplatz- und verhaltenstechnisch gleichen Charakter wie die nach Wolfsburg hatte, aber durch Mikrofon- Durchsagen der Klassenlehrerin an Farbe gewann, fügten sich die Schüler in überschaubare Gruppen zusammen, um sechs Stunden das angebotene Repartouar des Parks zu nutzen. Für eventuell auftretende Probleme gab die Verantwortliche die Telefonnummer der Schule bekannt, welche angewählt werden sollte. Die Sekretärinnen hatten dann die Aufgabe, die Klassenlehrerin per Handy über eingetretenen Notfall zu informieren. Diese Telefon- Bereitschaft absolvierte sie in der Gemeinschaft weiterer Kollegen- die sich ebenso mit ihren Klassen im Park aufhielten- durch den Park schlendernd, oder in gastronomischen Einrichtungen sitzend. Mir wäre es ohne die Timurhilfe – Ossis wissen was das ist, für Ahnungslose gibt es eine Begriffsklärung bei Wikipedia- meines Mannes nicht einmal möglich gewesen, die Toilette zu besuchen, ohne meine Pflicht der lückenlosen Aufsicht zu verletzen.

Blitzschnell formierte sich um Lukas und mich eine kleine Gruppe von vier Personen, welche auch die Vorzüge des betreuten Rundganges nutzen wollten. Später schrumpfte diese allerdings, da Lukas, mein Mann und ich nicht Karussell fuhren und somit echt langweilig waren, schlossen sich zwei Teilnehmer einer anderen Gruppe an. Ein Schüler ging uns schon beim zweiten Fahrgeschäft verloren, als er zwei Stunden für eine Fahrt anstehen musste und wir in der Annahme, dass er bereits weiter gegangen wäre, unseren Rundgang ohne ihn fortsetzten. Als es dann darum ging, ihn wieder zu finden, mussten wir feststellen, dass keiner der Gruppe ein Handy dabei hatte. Wie in der Schulordnung vorgeschrieben, blieben die Handys ordnungsgemäß zu Hause und niemandem war aufgefallen, dass sie im Notfall gar nicht in der Lage gewesen wären, ein Signal zu geben. Zum Glück lag diese Tatsache nicht in meinem Verantwortungsbereich, und glücklicherweise regelte sich auch alles, ohne Notfalltelefon!

Der Tag an sich war schön, wenn auch sehr lang und anstrengend. Lukas genoss unsere Anwesenheit und streunte mit uns durch den Park. Tatsächlich konnten wir ihn nur zu zwei Fahrten mit „Baby-Eisenbahnen" motivieren, worüber wir als Karussellmuffel und Verantwortungsträger auch nicht unbedingt böse waren.

Viel Freude hatte er beim Zuschauen und beim Kommentieren der Fahrbereitschaft anderer. Auch trennte er sich im Tausch von einigen Euros, um im Gegenzug dafür leckere, bunte Lutschpastillen in Empfang zu nehmen. Krönender Abschluss war für ihn der etwa einstündige Aufenthalt in einer „Spielhalle". Ein Gerät weckte sein besonderes Interesse. Es ging darum, durch den Einwurf von Chips in verschiedene Kanäle und deren taktische Positionierung, Lawinen in Bewegung zu setzen, welche dann wiederum kleine sinnlose Gegenstände mit sich rissen und diese zur Entnahme in eine Rinne ins Freie spuckten.

Viel Zeit und eine überschaubare Menge an Euros kostete dieses sinnlose Unterfangen, brachte aber viel Spaß und trainierte Ausdauer, Konzentration und Strategie des kleinen Freaks.

Am späten Nachmittag landete der Transporter wieder auf dem Schulvorplatz, und eine schöne Veranstaltung endete dort für Lukas.

Dass dieser Tag so problemlos ablief, machte mich stolz, zuversichtlich und zufrieden. Es war eine Bestätigung für mich, dass ich meine Energie gewinnbringend in die richtigen Kanäle geschleust hatte, wenn das das Ergebnis war.

Lukas lachendes Gesicht, seine Offenheit und Freude, waren Entschädigung für den Ärger über Ignoranz anderer und Motivation für meine weitere Arbeit mit ihm.

Zum Beginn des zweiten Halbjahres begann ich im Unterricht in einigen Fächern etwas Abstand zwischen mich und Lukas zu bringen. Parallel lief immer noch das Notieren von Arbeitsaufgaben, Hausaufgaben und Terminen. Konnte ich bei Lukas Stressmomente, oder eine erhöhte Anspannung erkennen, ging ich unter einem Vorwand wieder sofort in die Manndeckung und intervenierte. Bis zu diesem Zeitpunkt waren wir einen entscheidenden Schritt weiter gekommen. Die besonders gute Zusammenarbeit zwischen Lehrern und Schulbegleitung in den Fächern Mathematik, Englisch, Religion und Sport, und das damit verbundene Gefühl von Sicherheit für Lukas, machte es bis zum Ende des Schuljahres sogar möglich, dass ich meine direkte Anwesenheit im Klassenraum erst um Minuten, später dann um ganze Stunden reduzieren konnte. Dieses erfolgte ausschließlich in Absprache mit Lukas und stets unter Berücksichtigung der Gesamtsituation und der Verfassung von ihm. Nur wenn er sich in der Lage fühlte, allein eine Stunde zu meistern, gab ich ihm durch meine Abwesenheit die Möglichkeit, sich in dieser Situation zu versuchen und zu bestätigen. Genaue Absprachen über meinen Aufenthalt während eben beschriebener Stunden und das Einhalten dieser, gaben ihm notwendige Sicherheit für dieses Projekt. Auch die Lehrer wurden entsprechend informiert. In zweiter Reihe- vorzugsweise in der großen Pausenhalle- absolvierte ich meine Bereitschaft und war so im akuten Bedarfsfall für alle Beteiligten greifbar. Bis heute hat keiner diese Möglichkeit in Anspruch nehmen müssen!

Ein anschließender kurzer Informationsaustausch zwischen den Lehrern und mir, ließen das Projekt erfolgreich anlaufen. Auch in der Evaluation mit Lukas waren keine negativen Aspekte bezüglich der Verfahrensweise erkennbar geworden. Jede allein bewältigte Unterrichtsstunde brachte ihm die

Erkenntnis, dass es ging und stärkte sein Selbstbewusstsein. Auch wenn sich die Gesamtsituation anfing zu entschärfen, bedarf es dennoch einer sensiblen Beziehungsarbeit. Manchmal war es sogar nötig, ihn vor Selbstüberschätzung zu schützen, denn er entwickelte ja erst die Fähigkeit, Situationen zu analysieren und sein Verhalten dementsprechend zu steuern. Zur Sicherung des Erreichten und für den weiteren erfolgreichen Ausbau, war es wichtig, sehr behutsam vorzugehen und dementsprechend musste auch manchmal aufkommende Euphorie über den Erfolg sowohl bei Lukas, als auch bei mir gebremst werden. Es wäre für die weitere positive Entwicklung für Lukas fatal gewesen, an dieser Stelle einen Misserfolg einzufahren. Das barg die Gefahr, eines tiefen Falls zurück in die angstgeprägte Alltagsbewältigung und die damit verbundenen Verhaltensweisen. So gut wie möglich, rundum abgesichert, ging Lukas die ersten Schritte in die Selbstständigkeit. Auch in den Fächern, in welchen das Abholen durch die Fachkraft nicht gewährleistet war, begann Lukas erfolgreich, gemeinsam erarbeitete Bewältigungsstrategien anzuwenden und gewann zunehmend an Sicherheit. Gesammelte gute Erfahrungen aus inklusionsorientierten Unterrichtsstunden gaben ihm ein Stück weit Gelassenheit bei der Absolvierung der anderen. Das Funktionieren seiner Bewältigungsstrategien stärkte sein Selbstvertrauen und verminderte das Gefühl von Unsicherheit und Angst. Die Teilnahme an Unterrichtsstunden in „geschützter" Atmosphäre –mit meiner Anwesenheit, aber nicht mehr in Manndeckung- war bereits in der „Übungs- und Festigungsphase". Zwar fiel es Lukas nicht in allen Fächern leicht, mit den gegebenen Umständen umzugehen, aber er arrangierte sich. In der Einführungsphase befand sich zum Ende des siebten Schuljahres das Absolvieren von mit Bedacht auserwählten Unterrichtseinheiten, ohne meine Anwesenheit im Raum. Alle Achtung!

Viele kleine Veränderungen prägten diese Zeit. Lukas wehrte sich nicht mehr gegen meine positive Lebenseinstellung und ließ sich teilweise sogar davon infizieren. Sich körperlich zu belasten, begann Spaß zu machen, mit kleinen mitgebrachten Kostproben meines reichhaltigen Obst- und Gemüserepartouars verführte ich ihn zum Naschen dieser. Beschränkte sich bis dahin sein Speiseplan auf nur wenige, nicht gerade gesunde Lebensmittel, war er jetzt bereit, für ihn bis dahin Unbekanntes zu probieren. Ein für einen Autisten nicht unbedingt übliches Possedere!! Durch Berichte über meine sportlichen Aktivitäten, weckte ich auch sein Interesse daran. Wenn ich von schmerzendem Muskelkater berichtete, konnte er mitreden, denn auch er hatte nun ähnliche Erfahrungen, durch die regelmäßige Teilnahme am Schulsport, sammeln können. Erste Impulse auch für Veränderungen im Freizeitbereich wurden gesetzt. Diese waren in Bezug auf die Weiterentwicklung von Lukas außerordentlich wichtig. Nur durch die Veränderung und Optimierung aller Begleitumstände konnte ein dauerhafter Erfolg gelingen. Jedoch gab es da noch viele Baustellen.

Positiv war auch zu verzeichnen, dass Lukas in allen Fächern bereit war, spätestens nach Aufforderung die Mütze abzunehmen. Leider fehlt bis heute bei einigen Pädagogen das Verständnis dafür, welche Leistung das für Lukas war und ist und das Gespür dafür, dass es in manchen Situationen taktisch klüger wäre, ihm diesen Schutz zu lassen, zumal das Tragen der Kappe, für die Mitschüler keine Sonderbehandlung darstellte.

Das Schriftbild besserte sich deutlich und so wie der Einäugige unter den Blinden der König ist, so entwickelte sich Lukas unter den Autisten zum „Schönschreiber".

Bewegungsabläufe im Sportunterricht wurden fließender, Akzeptanzbereiche größer, der Umgang mit Mitschülern entspannter, die Mimik offener, die Bereitschaft und Fähigkeit sich Neuem zu öffnen, größer. Auch entwickelte sich die Fähigkeit Probleme zu erkennen, zu benennen und sich der Lösung dieser anzunehmen. Lukas begann klar und deutlich seine Meinung zu äußern und seinen Standpunkt zu vertreten.

Noch nicht immer gelang ihm das in angemessener Form, aber auch das benötigte einen Lernprozess.

Eine Situation, welche uns beide an die Grenzen unserer sozialen Belastbarkeit brachte, und welche uns womöglich auch in diesem Jahr aufs Neue herausfordert, werde ich im Folgenden beschreiben. Dieses Geschehen ist wieder beispielgebend für den Stand der Ausbildung sozialer Kompetenzen bei Schülern zum Zeitpunkt des Verlassens der Schule.

Ein Schuljahr ging zu Ende und die Abschlussjahrgänge befanden sich dementsprechend auf der Zielgeraden, auf dem Sprung in Richtung „Leben".

Zu meiner Schulzeit verabschiedeten wir uns von der Schule, indem wir drei Tage unseren Klassenraum malerten und ihn als Dankeschön in einem 1a- Zustand an die nächste Klasse übergaben. Gemeinsam mit anderen „Abgängerklassen" gestalteten wir zudem unseren Schulclub, der nur durch Eigeninitiative der Schüler und Eltern entstand und somit einen hohen Stellenwert für uns hatte und dementsprechend gehegt und gepflegt wurde. Natürlich gab es auch eine riesengroße Abschlussparty und einen letzten Schultag, der thematisch an den ersten erinnern ließ!

Auch heute „bedanken" sich die Schüler und zeigen, was sie in ihrer Schulzeit gelernt haben. Da das sehr viel mehr zu sein scheint als damals, gibt es nicht nur einen „letzten Schultag", sondern gleich eine ganze „Motto-Woche". Mir blieb die Sinnhaftigkeit der gesamten Veranstaltung bis heute verborgen; stattdessen stellte sich mir die Frage, ob das dort dargestellte Niveau tatsächlich das Ergebnis eines zehn- bis dreizehn-jährigen Schulbesuchs ist?!

Grund für die Thematisierung dieser Veranstaltungen ist jedoch die Tatsache, dass besonders ein Tag dieser Mottowoche das Blut von Lukas und auch meines ordentlich in Wallung geraten ließ.

Zu diesem Thema- soziale Kompetenzen und Verantwortlichkeiten des Bildungssystems-, wäre über das Verfassen eines weiteren Buches, mit doppelter Seitenanzahl nachzudenken.

Was war also geschehen?!

Lukas absolvierte bereits relativ entspannt den Mathematikunterricht- ohne meine direkte Anwesenheit im Unterrichtsraum. Für gewöhnlich brachte ich ihn an den Ort des Geschehens, wartete auf das Eintreffen des „Chefs" und trat dann den Rückzug in Richtung Pausenhalle an. Dort verbrachte ich anfänglich die Unterrichtsstunde- immer auf gutes Gelingen hoffend- mit dem Studieren meiner Mitschriften aus meinem Arbeitstagebuch.

Zuverlässig stand ich dann fünf Minuten vor dem Pausenklingeln wieder zur Abholung eines meist zufriedenen und entspannten jungen Mannes am Klassenraum parat. An einem Tag im Juni 2013 war das anders.

Wutentbrannt, aufgekratzt und redebedürftig verließ Lukas den Unterrichtsraum und machte mich- emotional geladen- auf zuvor erlebte Oberflächlichkeit aufmerksam. Grund seiner enormen Anspannung war der an diesem Tag, im Rahmen der Motto- Woche, stattfindende „Asi- Tag". Nur ein Tag im Ensemble von weiteren vier Tagen über deren Sinn man streiten könnte. Was aber zweifelsfrei nicht nur Anlass zur Diskussion, sondern absolut verwerflich und unakzeptabel war, war die klischeehafte Darstellung vermeintlicher „Asis" in dummer und diskriminierender Form.

Anstatt Klischees zum Anlass zu nehmen, um sie in Gesprächsrunden und plakativer Darstellung zu entkräften, den Begriff asozial zu definieren und in all seinen- eben nicht dem Klischee entsprechenden- Erscheinungsformen darzustellen, beschränkte man sich lediglich auf die urteilsfreie und dumme Belebung dieser.

Ohne über den Begriff selbst und darüber, wie man ihn entsprechend der Definition darstellen kann, ohne zu pauschalisieren, liefen plötzlich junge Schülerinnen mit Schwangerschaftsbäuchen, andere mit Jogginghosen, kaputten Jeans, Zahnlücken, mit schmutzigen und zerschlissenen T-Shirts durch das Schulhaus. Lehrer ergänzten dieses Bild durch ebensolche Bekleidung, und das „Aufpeppen" dieser durch das Bestücken der Taschen mit leeren Bierdosen und ähnlichem. Die Art und Weise wie einige Heranwachsende miteinander sprachen, waren der Beweis dafür, dass auch die Gruppe der ausländischen Mitbürger in der umfangreichen und ideenreichen Klischee- Darstellung von Asozialen nicht vergessen wurden.

Lukas war außer sich und ich ebenso! Unglaublich! Noch heute schlägt mein Herz schneller, wenn ich an diese Veranstaltung in einer öffentlichen Einrichtung denke! In meinen Augen absolut asozial, mit wie viel Unwissenheit Empathielosigkeit, Überheblichkeit, Arroganz, Dummheit und Achtungslosigkeit Minderheiten oder sozial Benachteiligte zur Schau gestellt wurden.

Die Tatsache an sich werde ich hier nicht weiter thematisieren. Ich reagierte in der Form darauf, dass ich mit Lukas stundenlange Gespräche über Menschen, Gesellschaft und deren Erscheinungsformen führte. Gespräche, in denen wir uns beide eindeutig distanzierten von derartigen Denkweisen. Gespräche, in denen wir Möglichkeiten fanden damit umzugehen, dass Gesellschaft und Schule -als Teil dieser- dargestellte Klischees lebt und deren Erhalt unterstützt.

Für meinen Seelenfrieden suchte ich umgehend das Gespräch mit teilnehmenden Lehrkräften und mit dem verantwortlichen Gesamtschulleiter. Da letzterer persönlich nicht anzutreffen war, erfolgte diese Kontaktaufnahme in schriftlicher Form. Meine Schreiben an ihn sind im Anhang beigefügt und deshalb hier nicht mehr Gegenstand meiner Ausführungen.

Im Gegensatz zu mir war Lukas relativ schnell wieder beruhigt. Ich beschäftigte mich und mein persönliches Umfeld noch wochenlang mit der Verarbeitung dieser Ungerechtigkeit und Oberflächlichkeit und der unbefriedigenden Stellungnahme seitens der Schulleitung. Sah aber dann von dem ergreifen weiterer Schritte ab, um meine Arbeit mit Lukas nicht zu gefährden. Bis heute, fast ein Jahr später, thematisiere ich diese Veranstaltung bei jeder sich bietenden Gelegenheit, um Sichtweisen zu ändern, Augen zu öffnen und einen erneuten „Asi-Tag" in dieser Form zu verhindern. Inwieweit dieser Kampf von Erfolg gekrönt sein wird, werden wir in diesem Jahr sehen. Lukas und ich sind schon sehr gespannt, in welcher Form die diesjährigen Schulabgänger ihren erworbenen Kenntnis- und Erfahrungsschatz präsentieren.

Je mehr Arbeitszeit sich von direkter Betreuung in „Bereitschaftszeit" verwandelte, desto unbefriedigender war für mich das Absitzen dieser in der Pausenhalle. So bot ich anfänglich einigen mir und meiner Arbeit zugewandten Personen meine Hilfe an. Gern hätte ich meinen Erfahrungsschatz genutzt, um bei der Vorbereitung von Projekten, bei der Anbahnung von Kontakten zu Vereinen, bei der Problemlösung mit Schülern oder ähnlichem hilfreich zur Seite zu stehen.

Bedarf bestand leider nur in der Form, dass ich im Sani-Raum eine Aufsicht für „schwerkranke" Kinder übernehmen sollte, bis diese von ihren Eltern abgeholt werden konnten. Erklärend dazu sei gesagt, dass bereits leichte Unlustattacken, oder ein zu enger „Schlüppergummi" zu entsprechender Einstufung führten!

Dazu war ich jedoch nicht bereit. Zum Einen, da ich für Lukas jederzeit sofort greifbar sein musste, und zum Anderen, weil ich mir nicht sicher war, ob ich dieser hochverantwortungsvollen und herausforderungsvollen Aufgabe gerecht werden konnte. Also blieb es dabei, dass Schüler diese Sitzwache übernahmen.

Auf der weiteren Suche nach einer sinnvollen Beschäftigung für Bereitschaftszeiten, reifte der Entschluss, mit dem Schreiben dieses Buches zu beginnen. Der Beste, den ich rückblickend fassen konnte!!

Die schon als sehr aufgeschlossene, nette und fähige

Pädagogin beschriebene Religionslehrerin nahm mich an die Hand und erklärte sich bereit, ihren Arbeitsplatz im Lehrerzimmer mit mir zu teilen- nun war ich also auch dort angekommen. Da sie diesen vorwiegend in den Pausen nutzte, konnte ich ihn problemlos in einzelnen Unterrichtsstunden besetzen. So gewann ich nach und nach auch Kontakt zu Kollegen, die nicht in unserer Klasse unterrichteten und hatte gute Rahmenbedingungen für das schriftliche fixieren meiner literarischen Ergüsse.

Zur damaligen Zeit war das Lehrerzimmer noch in ein „Großes" und ein „Kleines" unterteilt. Meine neugewonnene Herberge war das Kleine, in welchem ein „harter Kern" von vorwiegend Haupt- und Realschullehrern residierte.

 Innerhalb dieser Lehrergruppe bestand ein reger Austausch. Probleme mit Schülern wurden besprochen, gemeinsam nach Lösungsmöglichkeiten gesucht. Herzlich wurde ich in ihrer Mitte aufgenommen, in Gespräche einbezogen und ab und zu um Rat gefragt, wenn es um auffällige Verhaltensweisen von Schülern und Möglichkeiten zur Intervention ging.

Die Tage meiner Isolation waren gezählt. Für mich war es der Beginn einer neuen, angenehmeren Zeit. Plötzlich gab es dort Lehrer, die mich als Person wahrnahmen und an meiner Arbeit interessiert waren.

Besonders beeindruckte mich auch, dass mir eine Kollegin aus eigenem Antrieb einen Schlüssel für alle Räume der Schule zukommen ließ. Warum auch immer, hatte sie zwei Exemplare und beendete mit ihrer uneigennützigen, sozialen Tat mein Dasein als „Klinkenputzer". Viele Gespräche mit ihr waren sehr herzlich und auch für mich sehr gewinnbringend. Später rettete eben diese Kollegin durch hilfreiche Tipps und fundierte Beweisführung auch meine Hauskatze vor dem Nierenversagen; außerdem durfte ich in ihrem Geschichtsunterricht als Zeitzeugin gastieren und von meiner schönen Kindheit und Jugend in der DDR berichten und Fragen der Schüler beantworten. Eine absolut engagierte, strukturierte und interessierte Pädagogin und eine sehr warmherzige, soziale, herzliche, einfache und authentische Persönlichkeit! Ihre offene und direkte Art ließ sie zu einer wichtigen Bezugsperson für mich werden. Auch an sie an dieser Stelle nochmal: "Danke, für alles!!".

Am Ende des siebten Schuljahres war erstaunliches geschafft. Im Hilfeplangespräch konnten folgende Ergebnisse präsentiert werden.

Das äußere Erscheinungsbild von Lukas war ein ganz anderes geworden. Er hatte kurze Haare, einen wachen, offenen Blick, lächelte häufig. Er war voller Elan und bereit, sich auf Veränderungen einzulassen, er forderte diese teilweise sogar ein. Er begann zu lernen, Gefühle zu verstehen, sog Informationen dazu förmlich wie ein Schwamm auf. In Gesprächen, in welchen ich ihm beispielsweise Ursachen für Reaktionen seiner Mutti erklärte, hingen seine Augen an meinem Mund, als könnte er es gar nicht erwarten, dass ich sie ausspreche. Manchmal standen ihm Tränen in den Augen, wenn er verstand, was in ihr vorging, was sie fühlte, und wie schwer es auch für sie in vielen Situationen war und ist.

Im stets engen Kontakt zur Mutti Richter, gab es auch zahlreiche Anstöße und Impulse für das Aufgreifen und die Umsetzung neuer Wege im häuslichen Bereich. Dazu gehörte unter anderem die Anregung, gemeinsam mit Lukas einen Wochenplan zu erstellen, mit festen Kontaktzeiten für Erziehungsberechtigte und Lukas, um ins Gespräch zu kommen, gemeinsam zu kochen, sich zu bewegen, miteinander zu spielen, Ziele zu formulieren, Wünsche zu äußern, gemeinsam etwas zu unternehmen oder einfach nur mal zusammen vor dem Fernseher zu sitzen.

Auch das Übertragen von festen Aufgaben am Nachmittag wurde vorgeschlagen. Dazu war Lukas bereit! Es war ihm nicht wichtig, aber aus dem Verständnis heraus, dass es für seine Mutti viel bedeutete, wäre er diesen Kompromiss eingegangen.

Deutlich zeichnete sich ab, dass wir auf dem richtigen Weg waren, und dass aus dem kleinen „Ritalin-Gestörten" – ein von besonders "coolen" Pädagogen gern benutzter Sammelbegriff für, mit Ritalin therapierte Schüler- langsam ein funktionierendes Mitglied der Gesellschaft wurde.

Sein Leistungsvermögen schöpfte er nur bedingt aus; es gab noch viel Platz nach oben. In Anbetracht dessen, dass er so aber in der Lage war, seinen Alltag relativ stressfrei zu bewältigen, plädierte ich für Bildungsdurchschnitt, zu Gunsten der notwendigen und nur dadurch möglichen Anspannungsregulierung. Ich sah es als Erfolg und Errungenschaft, dass Lukas nunmehr in der Lage war, unter Umständen seinen eigenen ausgeprägten Leistungsanspruch zu drosseln. Die erste vier in einer Klassenarbeit kommentierte er nach kurzer Inspektion mit den Worten: "Naja, dann ist das eben so!". Aus verschiedenen Gründen verursachte diese Aussage einen tränenreichen Lachanfall bei mir…

Der kleine, angespannte Kaputte, der noch ein Jahr zuvor voller Selbstzweifel und Unsicherheit war, blieb derart cool und gelassen, toll!

…Das Bäumchen wuchs weiter, der Stamm wurde kräftiger, die Wurzeln hatten sich weit verzweigt und boten Stabilität, „Dünger" ließ ihn erstarken. Der Stützstab wurde immer überflüssiger. Nur die erste Blüte ließ noch auf sich warten…

4. Kapitel

Das achte Schuljahr

Das achte Schuljahr hatte begonnen. Es gestaltete sich als Übungs- und Festigungsphase für Lukas. Trotz „gelockerter Zügel" kam es nicht mehr zu Fehlverhalten, und nun ging es um die Verankerung des erarbeiteten Entwicklungsstandes und um das Erreichen weiterer Selbstständigkeit.

Lukas absolvierte viele Unterrichtsstunden allein und notierte selbstständig seine Hausaufgaben und Termine viele Dinge waren „normal" geworden. Er wurde toleranter und sicherer im Umgang mit Neuem und Fremdem. Sein Sozialverhalten entsprach „den Erwartungen in vollem Umfang", seine Interaktion wurde selbstverständlicher und gelassener, erste freundschaftliche Kontakte zu Mitschülern- in dem Maße, wie es einem Autisten möglich ist- wurden geknüpft; das Pausenverhalten entsprach der Norm; er führte Gespräche oder beobachtete einfach nur das Treiben auf dem Flur.

Die Pausen sind bis heute auch Momente, in denen wir uns austauschen, in welchen ich analysiere, beobachte, frage, wie es um den Gemütszustand des Lukas Richter bestellt ist. Momente, die ich nutze, um mittels verschiedener Methoden herauszufinden, ob er stabil ist für das Absolvieren weiterer „freihändiger" Unterrichtsstunden. Gewonnene Erkenntnisse gebe ich entsprechend an die verantwortliche Fachkraft zur Berücksichtigung in ihrer Arbeit weiter.

Lukas hat sehr viel gelernt, Strategien entwickelt und erprobt, sich geöffnet und Spannung abgelegt. Er ist selbstsicherer und selbstbewusster geworden und versteht es immer besser, gelassen und überlegt zu reagieren.

Das Ziel, meine Anwesenheit und Begleitung auf ein Mindestmaß zu reduzieren, rückte nach und nach in greifbare Nähe.

Der Start ins neue Schuljahr verlief ohne besondere Vorkommnisse. Lukas war guter Dinge und stellte sich erstaunlich gelassen den Herausforderungen. Es gab einen neuen, größeren Klassenraum, in einem anderen Trakt mit noch entspannteren Pausenbedingungen. Sonst gab es nicht viel Neues. Liebgewonnene Lehrer blieben den Schülern erhalten, und die ersten Tage gestalteten sich in üblicher Form; Bücher austeilen, Bekanntgabe der Stundenpläne und Fachlehrer, Belehrungen und so weiter.

Ab der dritten Schulwoche lief dann alles wieder im üblichen Schulmodus. Das geordnete Chaos begann für den kleinen Freak bezwingbar und berechenbar zu werden und führte nicht mehr zum totalen „Black out".

Wir knüpften in unserer Arbeit dort an, wo wir sechs Wochen zuvor aufgehört hatten. Stundenweise entfernte ich mich aus dem Unterricht und überließ den Kämpfer seinen „Gegnern". Anschließend folgende kurze Auswertungen mit den Lehrern und meinem „Arbeitgeber", verliefen fast ausschließlich positiv. Der Kontakt zu den Fachlehrern wurde intensiviert. Durch gezielte Nachfragen zum Unterrichtsverlauf und entsprechender Verhaltensweisen von Lukas, beabsichtigte ich auch die Wahrnehmung der Lehrkräfte entsprechend zu steuern und zu stärken. Von mir dargestellte Interventionsmöglichkeiten waren – wenn, als solches gewünscht und erkannt-wertvolles Material, nicht nur für den Umgang mit ASS und speziell mit Lukas.

Ich sah es als meine Aufgabe an, von mir gesammelte Erfahrungen und Erkenntnisse an die Verantwortlichen weiterzugeben, um sie im Erkennen von vorhandenen Besonderheiten zu schulen, und sie im Umgang damit zu stärken. Insofern war es auch dringend notwendig, den Nachteilsausgleich –als wichtige Arbeitsgrundlage- den neuen Bedingungen anzupassen. Das gestaltete sich wie bereits erwartet als nicht so einfach, da es der verantwortlichen Klassenlehrerin an Bereitschaft, Engagement und Verständnis für die Problematik fehlte.

Im engen Austausch mit unserer „Paartherapeutin" von der Förderschule schliffen wir an Formulierungen und Inhalten. Es musste klar werden, dass die Schule immer mehr Verantwortung zurückbekam und meine Rolle dementsprechend von rudimentärer Gestalt sein sollte. Nun, da Stück für Stück eine Gebrauchsanweisung für den Schüler Lukas erarbeitet war, musste diese an die Verantwortlichen ausgehändigt werden.

Das Ziel jeder Arbeit im sozialen Bereich, sich selbst weitestgehend überflüssig zu machen, rückte immer mehr in den Fokus unserer Arbeit.

Der überarbeitete Nachteilsausgleich beinhaltete Festlegungen, die für Lukas grundlegend notwendig waren, um stressfrei zur Schule gehen zu können. Deren Einhaltung vorausgesetzt boten sie eine Stabilität und Sicherheit für Lukas, welche die Gefahr eines Rückfalls in alte Verhaltensmuster minimieren sollte.

Nach langem hin und her, vielen Überarbeitungen – durch die Realschulzweigleiterin, Förderschullehrerin und mich, war es dann endlich geschafft!!

Wie gesagt, das neue Schuljahr stand ganz im Zeichen meines persönlichen Rückzuges.

Grundlegende Festlegungen blieben bestehen. So gab es weiterhin- wenn auch nur noch selten in Anspruch genommen- einen Zeitbonus für das Erledigen schriftlicher Arbeiten.

Problemlos wurde auch die Regelung bezüglich des Schwimmunterrichts vom Vorjahr übernommen. Das war für Lukas besonders wichtig, da das Element Wasser wohl nie zu seinen Freunden gehören wird!

Ein wichtiges Thema war das schriftliche Fixieren von Regelungen, die einen dringend notwendigen, reibungslosen und lückenlosen Informationsaustausch bestmöglich gewährleisten. In der Praxis erarbeitete ich dementsprechend auch mit Lukas Verfahren, die der Erreichung dieses Ziels dienten. Hausaufgaben zum Beispiel wurden von Lukas nach seinem System –mein empfohlenes wurde kategorisch abgelehnt- notiert.

Aufgabe der Lehrer dabei war es sicherzustellen, dass die Eintragung tatsächlich erfolgte. Dieses war zum einen möglich durch gezielte Beobachtung des Vorganges, oder durch kurze Nachfrage bei Lukas. Ein hilfreicher Tipp an die Lehrerschaft war in diesem Zusammenhang der, Hausaufgaben schriftlich an der Tafel zu fixieren und möglichst vor dem Pausenklingeln an die Empfänger zu senden. Also eine durchaus lösbare Aufgabe, auch realisierbar für Kollegen ohne sonderpädagogische Zusatzausbildung, und zudem nicht nur für Lukas gewinnbringend.

In Bezug auf die Logistik beginnend beim Notieren bis hin zur Bearbeitung der Hausaufgaben, wurde Lukas immer mehr Eigenverantwortung übertragen. Anfänglich notierte ich akribisch noch selbst alle Inhalte für die Beschäftigung am Nachmittag und präsentierte ihm Reihenfolge und Umfang dieser. Später löste ich dieses „doppelte Netz" nach und nach. Er lernte es, seine Aufzeichnungen lückenlos und lesbar vorzunehmen und diesen auch zu vertrauen.

 Verließ er sich zu Beginn dieses Prozesses darauf, was ich notiert hatte, zog ich mich diesbezüglich immer mehr zurück, erfragte seine Eintragungen, ergänzte diese gegebenenfalls, später verglichen wir nur noch nach Fertigstellung, bis dahin, dass ich keine Hausaufgaben mehr aufschrieb und Lukas vollkommen selbständig arbeitete. War dann doch mal eine Hausaufgabe nicht ordnungsgemäß erledigt, erforschte ich die Ursache und versuchte diese durch gezielte Maßnahmen in Zukunft unschädlich zu machen.

Fragen und Probleme die sich bei der Erledigung der Hausaufgaben, bei der Bearbeitung von Aufgabenstellungen in Klassenarbeiten, oder in Bezug auf das Einhalten des

Nachteilsausgleiches zeigten, wurden nicht mehr durch mich bei den Fachlehrern thematisiert, sondern als Information und zur weiteren Bearbeitung an Elternhaus und Sonderschulpädagogin weitergegeben.

Auch das Mutti-Heft, was bisher der lückenlosen Berichterstattung und der Weiterleitung von Terminen zwischen Elternhaus und Schulbegleitung diente, war im Laufe der Zeit dem Tode geweiht. Diese Funktion hat heute ein kleines rotes Heft, welches täglich zwischen Elternhaus und Schule pendelt und zum Beginn des zweiten Schulhalbjahres eingeführt wurde. Vor der ersten Unterrichtsstunde legt Lukas dieses Heft auf den Lehrertisch und nach dem Unterricht verstaut er es wieder in seinem Reisegepäck.

Recht schnell hatte Lukas die neue Aufgabe angenommen und führt diese zu meiner Freude sehr gewissenhaft und zuverlässig aus. Ziel dieses Heftchen ist das direkte „In- Kontakt-Treten" von Elternhaus und Schule, um Unregelmäßigkeiten, Anspannungszustände, sich eventuell anbahnende Probleme zu erkennen- durch den Austausch untereinander zu verstehen, und somit gegebenenfalls rechtzeitig intervenieren zu können.

So ist es wichtig, die Lehrer zu informieren, wenn Lukas zum Beispiel im „Eule Rhythmus" gefangen, die ganze Nacht nicht geschlafen hat. Diese Tatsache kann zu Verhaltensweisen führen, die von den „normalen", gewohnten abweichen. Fallen mir diese als Lehrer auf und weiß ich von der vermeintlichen Ursache, kann ich entsprechend verständnisvoll und im Sinne von Lukas Stabilität reagieren.

Oder fällt zum Beispiel einem Lehrer auf, dass Lukas vermehrt Ticks hat, oder sehr unruhig und unkonzentriert in seinem Unterricht ist, gibt ihm das rote Heftchen die Möglichkeit, dieses zur Information und Beachtung für den nachfolgenden Kollegen zu notieren. Dieser wiederum kann seine Beobachtung und Maßnahmen entsprechend anpassen.

Auch für Terminabsprachen, Fragen und Anregungen steht das Heftchen zur Verfügung.

Jegliche Kommunikation, die sonst über mich den Empfänger erreichte, sollte nun den direkten Weg gehen. In einem Brief an alle in der Klasse unterrichtenden Lehrer (eine Exemplar für jeden persönlich) erläuterte ich Ziele und Verfahrensweisen im Umgang mit dem Kontaktheft und wies auch noch mal auf die Notwendigkeit hin, sich dieser Sache anzunehmen, nicht nur in Hinblick darauf, dass ich diese Aufgabe in Zukunft nicht mehr übernahm. Selbstverständlich war ich bei auftretenden Fragen oder Problemen stets bereit und bemüht, in persönlichen Gesprächen Klarheit zu schaffen.

Das Notieren und übermitteln von Terminen und Inhalten für Klassenarbeiten überließ ich dem kleinen Freak. Natürlich waren am Anfang noch viele Sicherheitsnetze eingebaut, so dass keine wichtige Information verloren ging, aber sich gleichzeitig das Gefühl und die Überzeugung bei Lukas stärken konnten, dieses Stück Selbständigkeit im Griff zu haben. Immer besser gelang ihm seine lückenlose Dokumentation, immer seltener war es notwendig, auf meine zurückgreifen zu müssen.

Wie bei so vielen Dingen, so auch in Bezug auf den Informationstransfer, kann ich Lukas eine bessere Integrationsleistung attestieren, als der Lehrerschaft bei der Umsetzung des Inklusionsgedankens. Noch zu Wenige stellten sich der Aufgabe und setzten entsprechende Ideen um. Also kurz, Lukas erfüllte seine Aufgaben hervorragend, was man im Gegenzug dazu, von der Schule Geleistetem nicht uneingeschränkt behauptet werden kann.

Das Pendelheft zum Beispiel, erfüllt –nach 5monatiger Laufzeit- nicht einmal in Ansätzen das angestrebte Ziel. Bitten der Mutter bleiben ungelesen und infolge dessen unerfüllt, Veränderungen bei Lukas werden entweder nicht wahrgenommen oder wahrgenommen, aber nicht formuliert. So hat das überaus wichtige Kontaktheft zwar, aufgrund des täglichen Transfers im übervollen Reisegepäck, äußerliche Gebrauchsspuren könnte aber inhaltlich durchaus als „jungfräulich" bezeichnet werden?! Gleiches Phänomen beobachtete und erwähnte ich bereits in Bezug auf meine Informations-mappe?!

In Anbetracht dessen, dass Lukas aber auch ohne das Funktionieren dieser „Sicherheitseinrichtung" alles im Griff hatte und hat, lasse ich meinen Anspruch auf Perfektion und Optimierung vorerst ruhen.

Sollte es jedoch zu Fehlverhalten von Lukas kommen, welches durch verantwortungsvollen Mitteilungsfluss hätte vermieden werden können, wird dieses nichtfunktionierende „Inklusionsmittel", als Teil meiner Verteidigungsstrategie zum Einsatz kommen.

Ein weiterer Punkt der im überarbeiteten Nachteilsausgleich Platz finden musste, war die Verfahrensweise bei Klassenausflügen. Hier legte ich Wert darauf, aus der Verantwortung genommen zu werden und diese wieder der Schule, als ihre Aufgabe bewusst zu machen. Die Erfahrungen, aus bereits beschriebenen Veranstaltungen machte mir die Notwendigkeit der schriftlichen Fixierung von Maßnahmen deutlich.

Der nach wie vor im Nachteilsausgleich gewährte Zeitzuschlag bei schriftlichen Arbeiten war fast überflüssig geworden. Nur ganz selten nutzte Lukas diesen noch, aber das Gewähren dieser Möglichkeit bringt Entspannung, die für Lukas sehr wichtig ist. Bis heute- es ist bereits Mai 2014- gelingt es einigen Pädagogen nicht, diesen Zeitbonus für Lukas organisatorisch einzuplanen, und entsprechende zeitliche Strukturierungen während des Arbeitens vorzunehmen.

Auch das Beobachten oder Erfragen des Verständnisses von Aufgabenstellungen fand in einigen Unterrichtsfächern überhaupt nicht statt. Welche Auswirkungen das haben kann, ist offensichtlich den Wenigsten bewusst.

Wichtiger Bestandteil des überarbeiteten Exemplars war auch, dass jederzeit die Möglichkeit bestand, Lukas aus für ihn kritischen Situationen, zu nehmen und ihn in meine Obhut zu geben. Neu war, dass bei Abwesenheit der Schulbegleitung-unserem angestrebten Ziel- nach Rücksprache mit der Realschulzweigleiterin die Mutti informiert werden konnte, um ihn abzuholen, wenn die Gefahr bestand, dass der kleine Freak ein akutes Geschehen nicht schadfrei bestehen konnte.

Leider dient dieses mühsam formulierte, von allen unterrichtenden Fachkräften zu Kenntnis genommene und durch sie bestätigte Dokument, nur einem Bruchteil von Ihnen als Arbeitsgrundlage. Es wäre Spekulation, würde ich behaupten, dass wenigstens 50% der Fachlehrer, heute auf Festlegungen im Nachteilsausgleich des Lukas Richter angesprochen, keine, beziehungsweise nur unzureichende Angaben machen könnten. Es wäre sehr interessant, im Zuge der Beantragung der Weiterführung der Betreuung von Lukas, einen entsprechenden Fragebogen für die Pädagogen zu erarbeiten, der den aktuellen Stand ihrer Kenntnisse darstellt und Ressourcen für die weitere Arbeit offenbart. Sind diese methodischen Mittel erwünscht?

Ich werde es tatsächlich austesten und beantworte diese Frage, wenn ich auf der Zielgeraden angelangt bin.

Nun aber wieder zurück zur Berichterstattung vom Beginn des achten Schuljahres.

Positiv war zu verzeichnen, dass bei Lukas eine gewisse Stabilität im Umgang mit Problemen des Schulalltags eintrat. Erarbeitete Strategien wurden situationsentsprechend facettenreicher, spontan abrufbar und einsetzbar und meistens von Erfolg gekrönt.

Lukas erfuhr dadurch immer mehr Selbstbestätigung, Angst und Unsicherheit wurden weniger. Im Laufe der Zeit absolvierte er immer mehr Unterrichtsstunden, ohne meine direkte Anwesenheit. Immer besser arrangierte er sich mit dem Gefühl, es auch allein zu schaffen. Wichtig war es ihm dennoch, zu wissen, dass ich da war und er mich jederzeit zur Unterstützung und zur Stärkung heranziehen konnte. Diese Sicherheitseinrichtung benötigt Lukas auch heute– kurz vor Beendigung des achten Schuljahres- noch.

Anfänglich verbrachte ich nach wie vor jede Pause in unmittelbarer Nähe von Lukas. Sensible Beobachtung, ließ Rückschlüsse auf die jeweils aktuelle Gefühlslage von Lukas zu und bestimmten entsprechend mein weiteres Vorgehen. Das Führen von Gesprächen, das Reflektieren von Situationen, das Benennen von Befindlichkeiten und die Evaluierung von Bewältigungsstrategien waren Hauptinhalte unserer täglichen Arbeit im ersten Halbjahr.

Dabei übergab ich dem „Crazy- Kappen-Träger" immer mehr Eigenverantwortung und Selbstständigkeit. Gleiches versuchte ich auch in Form von Impulsen an das Elternhaus weiterzugeben. Diese beinhalteten zum Beispiel, das Schaffen von festen Strukturen am Nachmittag- das nach Hause kommen- das Sichten des Hausaufgabenheftes, die Planung der Hausaufgabenerledigung, das gemeinsame Mittagessen und der persönliche Austausch und vieles mehr. Weiterhin ging es darum, Lukas zu befähigen selbstständig die Mappe zu packen, ihn in verpflichtende Tätigkeiten mit einzubeziehen, Gassigehen mit Molly, gemeinsames Kochen, Einkaufen, Spielen, Reden, das Bewältigen des Schulweges zu Fuß. Das Erstellen eines Wochenplanes wurde erneut angeregt, Tipps zur Verbesserung der zeitlichen Orientierung am Morgen gegeben, die Möglichkeiten einer „Alternativ- Konfirmation" akquiriert, und, und, und …

Es begann immer mehr an Bedeutung zu gewinnen, dass auch zu Hause ein Umdenken einsetzte und Lukas somit die Möglichkeit gegeben wurde, sich weiterzuentwickeln. Eine wirkliche Stabilität bei Lukas kann nur durch die Förderung der gesamtheitlichen Entwicklung erreicht werden.

Mein Arbeitstagebuch beschrieb zum Beginn des achten Schuljahres nur drei organisatorische Punkte.

- Hausaufgabenraum organisieren,
- Treff mit der Förderschullehrerin- Terminabsprache Zusammenkünfte, Förderstunde Lukas
- Berufsberatung, Berufspraktikum!!!

Punkt „Eins" war, gemessen an den Erfahrungen der Vorjahre, verhältnismäßig schnell geklärt. Nach dreimaliger Rücksprache im Nebenraum des Sekretariats, bekamen wir einen

Raum zugewiesen, in welchem wir meistens ungestört die Hausaufgaben erledigen konnten. Gegen eindringen wollende Nebenbuhler verteidigten wir unser Revier vehement, was uns bis auf wenige Ausnahmen gelang. Im 2.Halbjahr dann war die Revierfrage geklärt.

Termine mit unserer „Paartherapeutin", wurden auch schnell gefunden. Lukas´ Bedarf an „Therapiestunden" wurde immer geringer.

Diese Tatsache eröffnete uns die Möglichkeit, den Informationsfluss Schule- Elternhaus besser zu organisieren. Immer mehr übernahm die Förderschullehrerin die Koordination und Moderation bei auftretenden Problemen in der Umsetzung des Nachteilsausgleiches. Ziel war es auch da, meine bis dahin übernommenen Aufgaben an sie zu übergeben, um mich in Zukunft überflüssig zu machen. Es war und ist bis heute, eine sehr zielgerichtete, angenehme und freundschaftliche Zusammenarbeit. Ständig standen und stehen wir im fachlichen Austausch und profitieren gegenseitig von unserem Erfahrungsschatz. (Ja, auch ich werde es vermissen, professionelle und auch gar nicht professionelle Gespräche mit dir zu führen!) Mit viel Geschick und Geduld „verpackte" sie meinen oft zu direkt formulierten Unmut in „Wattebällchen" und brachte diese dann in entsprechendes Ziel. Allerdings scheiterte auch sie häufig an gedanklichen Mauern einiger ihrer Kollegen.

Die Bearbeitung des dritten Punktes erforderte wesentlich mehr Energie und beinhaltete die Auseinandersetzung mit anderen Institutionen und eine ausgiebige Informationssammlung. Es ging um ein vierzehntägiges Schülerpraktikum und um die in der achten Klasse beginnende Berufsorientierung.

Sofort überlegte ich, welche Maßnahmen vorab und im Verlauf notwendig waren, um diese große, zukunftsweisende Mission, so zu gestalten, dass sie für Lukas machbar und erfolgreich werden würde.

Leider stellten sich die Verantwortlichen diese Frage nicht, erkannten nicht einmal die Problematik an sich. So lag es also wieder an mir, auf das Problem aufmerksam zu machen und wie nicht anders erwartet, auch Lösungswege zu erarbeiten.

Na zwei Jahren Arbeit an dieser Schule, dem täglichen Bemühen den Inklusionsgedanken zu vermitteln, Bereitschaft zu entwickeln, wieder ein Beweis dafür, dass die Botschaft noch nicht angekommen war, ein Beweis dafür, wie sehr man in der heutigen Gesellschaft verloren ist, wenn man nicht in bestehende Raster passt.

Wohl dem, der jemanden an der Seite hat, der sich bemüht, Wege zu ebnen, egal ob Eltern, Lehrer, Psychologen, Therapeuten, oder Schulbegleiter. Aber was ist mit den vielen anderen, die diese Unterstützung nicht, oder nicht in ausreichendem Maße erfahren?! Die Gedanken daran machen mich jedes Mal sehr traurig, unglücklich und auch wütend. Das Erkennen der eigenen Hilflosigkeit ist eines der schlimmsten Gefühle, welches ich in den letzten Jahren kennengelernt habe. Zu oft meinte ich gegen Windmühlen zu kämpfen und daran kaputt zu gehen, wenn ich mich nicht geschlagen gab und die Handbremse zog.

Aber nun wieder zurück zur Schulsituation! In Anbetracht dessen, dass sich diese Bildungseinrichtung permanent in der Presse damit profiliert, hervorragende Arbeit in der Berufsvorbereitung und bei der Überleitung in die Ausbildung zu leisten, war ich erstaunt darüber, dass ich eine Problematik ansprach, die bisher nicht einmal von den Hauptverantwortlichen erkannt wurde.

War Lukas der erste Schüler an dieser Schule, der aller Voraussicht nach besondere Unterstützung bei der Berufsvorbereitung benötigte? Von mir akquirierte amtliche Unterstützungsmöglichkeiten, schienen vollkommen Neue und Unbekannte zu sein; zumindest tat man so?!

Was mich weniger erstaunte, war die Tatsache, dass nicht die Schule ihrer Verantwortung gerecht wurde und sich um notwendige Maßnahmen und mögliche Förderung bemühte, sondern dass man es großzügig zuließ, dass ich mich der Bearbeitung des „Falles" annahm. Selbstverständlich tat ich das im Interesse von Lukas.

Aufgrund meiner beruflichen Erfahrung wusste ich von der Möglichkeit einer „Reha-Förderung" bei attestierten Problemen und Behinderungen. Diese bietet ein vielfältiges Angebot zur Unterstützung beim Einstieg ins Berufsleben. Mein Ziel war es, rechtzeitig notwendige Maßnahmen einzuleiten, um Lukas diese Förderung zu ermöglichen.

Nachdem Mutti und Schule informiert waren, wurde ein erster Termin bei der Berufsberatung vereinbart, bei welchem bestehende Problematik besprochen wurde. Diese Beratung fand in der Schule statt, wurde durch eine sehr kompetente, hilfsbereite und engagierte Mitarbeiterin des Jobcenters durchgeführt und verlief zielorientiert und zufriedenstellend. Es wurden Vorgehensweisen besprochen und organisiert, die bezüglich der Besonderheiten einer Berufsausbildung von Bedeutung waren. Außerdem wurden Ideen zum Thema Praktikum –Betrieb, Tätigkeit, Arbeitszeit- ausgetauscht.

Dem ersten Gespräch folgte die Vorstellung und Testung von Lukas beim psychologischen Dienst des Arbeitsamtes und dieser dann ein erneutes Gespräch bei der Berufsberatung, in bereits beschriebener Form. Die Auswertung der Testergebnisse belegte eindeutig die Notwendigkeit einer besonderen Förderung für Lukas und öffnete ihm die Tür zur Reha- Abteilung. Einen Termin für das erste Gespräch im Amt ist anvisiert.

Wieder war eine Weiche gestellt! Meine Arbeit diesbezüglich betrachte ich als geleistet. Der Weg ist geebnet, die Richtung klar, nun muss er diesen nur noch gehen!

Über den Verlauf des Praktikums berichte ich später, um nicht ganz die Chronologie zu missachten.

Eine entscheidende Veränderung überraschte uns zum Jahresende. Die Klassenlehrerin erwartete ihr erstes Kind und begab sich vorzeitig in den Mutterschutz. Wirkliche Trauer über den „Verlust" wollte sich nicht einstellen, so freuten wir uns mit ihr auf den neuen Erdenbürger. Nun gab es also nochmal einen Lehrerwechsel, einen der für Lukas von besonderer Bedeutung war, da es sich um die Stelle des „Chefs" handelte. Zum Glück lag die Messlatte für die Neubesetzung nicht so hoch, da dem bisherigen Inhaber dieser Position, ja auch nicht sonderlich viel daran gelegen war, die Sympathie des kleinen Freaks zu erobern und in seinem Interesse zu handeln. Der erneute Wechsel an der Klassenspitze erwies sich als sehr gelungen und wirkte sich auf alle Beteiligten positiv aus.

Eine aus dem Erziehungsurlaub zurückkehrende Pädagogin und Mutter wurde mit der Klassenleitung betraut. Von Beginn an, gestaltete sich die Zusammenarbeit positiv. Ausgestattet mit guten Kenntnissen, Motivation und Fingerspitzengefühl stellte sie sich den besonderen Anforderungen, erkannte das Potential, welches meine Anwesenheit bot und nutzte es. Immer noch die baldige „Staffelstabübergabe" im Blick habend, schöpfte auch ich wieder Hoffnung und Motivation.

In Bezug auf die Klassenleitung gab es also positive Kunde. Leider entwickelte sich eine andere in der Klasse unterrichtende Fachkraft hin zum „von Lukas namentlich benannten Problem". In der Vergangenheit haben wir gelernt, dass eben diese Tatsache besondere Beachtung finden, und akribisch aufgearbeitet werden musste.

War es für gewöhnlich so, dass Lukas sein Gegenüber auf die Probe stellte und testete, so machte es in diesem Fall den Eindruck, dass die Lehrkraft diesen Part übernahm und die Grenzen der Schüler auslotete. Heute überlegt, warum entsprechender Lehrer nicht schon in der siebten Klasse erwähnenswert war, brachte folgende Erkenntnis; Waren es in der siebten Jahrgangsstufe nur zwei Wochenstunden und zwei Fächer, so waren es nun, im achten Schuljahr, vier Fächer und vier Wochenstunden, welche der Kollege unterrichtete. Verständlicherweise boten diese mehr Zeit und Material, um sich unbeliebt zu machen. So erklärte es sich also, dass er erst in der achten Klasse zum Problem, nicht nur für Lukas mutierte.

Auf die Schilderung einiger Details komme ich später zurück, da die Materialsammlung dafür auch heute noch nicht abgeschlossen ist, und sie sich im Grunde auch für die abschließende Darstellung der enormen Entwicklung von Lukas, am Ende des Buches eignet.

Lukas hat sehr viel gelernt, Strategien entwickelt und erprobt, sich geöffnet und Spannung abgelegt. Er ist selbstsicherer und selbstbewusster geworden und versteht es immer besser, gelassen und überlegt zu reagieren.
War das erste Halbjahr die Übungs- und Festigungsphase, so gingen wir im zweiten Halbjahr bereits in die Phase über, die ich als „Phase des Loslassen", oder „Phase der Abnabelung" bezeichne. Er begann zu spüren, dass er zu viel mehr in der Lage war, als er zuvor angenommen hatte. Ich versuchte ihm neue Horizonte zu öffnen, katapultierte ihn in Situationen, die er bei Nachfrage abgelehnt, vermieden hätte.

Zum Beispiel fragte ich ihn nicht, ob er denn mal Lust hätte, den Schulweg zu Fuß zu bewältigen- prinzipiell sprach nichts dagegen. Er betrug circa einen Kilometer und das relativ gefahrlose Überqueren der einzigen, etwas größeren Straße war durch eine Ampel gewährleistet. Also verwickelte ich ihn nach dem Unterricht kurzerhand in ein Gespräch und lief los. Lukas folgte mir, vorerst gar nicht bemerkend, dass er per Pedes eine für ihn ungewöhnlich lange Strecke zurückgelegt hatte. Diese Tatsache, dann kurz vor der Haustür wahrnehmend, beschwerte er sich natürlich theatralisch über die von mir angewandte Arglist und bezichtigte mich, ihn zum Wandern genötigt zu haben.

In aller Form entschuldigte ich mich bei ihm und bot ihm mit dem Ziel der Wiedergutmachung an, gleichen Weg zurückzugehen und das Richter-Taxi zur Schule zu bestellen, welches ihm dann die Möglichkeit geboten hätte, den Heimweg wie gewohnt zu absolvieren. Er nahm die Entschuldigung an, verzichtete aber lächelnd auf die Wiedergutmachung.

Immer wenn sich die Gelegenheit bot, wir aus welchem Grund auch immer vor dem Eintreffen des Gefährts das Schulgebäude verließen, „wanderten" wir Richtung Heimat und

Lukas genoss das Laufen und im Anschluss dessen, das Absenden seiner Beschwerdeflut. Zwei oder drei Mal ging Lukas sogar allein den Weg und erzählte von den positiven Gedanken, die ihm dabei beschert wurden!! Einmal als sich der Richter Express verspätete, nahm er seine jüngere Schwester an die Hand und trat mit ihr gemeinsam die Heimreise an. In diesem Fall beobachtete ich die beiden, bis sie sich meinen Blicken entzogen und war gerührt von der Fürsorge, mit welcher der kleine Kaputte seiner Verantwortung als großer Bruder gerecht wurde. Per SMS kündigte ich das Erscheinen der beiden bei den Verantwortlichen an und war beruhigt und glücklich, als die in Empfangnahme des Geschwisterpaares in gleicher Form bestätigt wurde.

Das sind Dinge, die für die ganzheitliche Entwicklung und die Stärkung der Persönlichkeit von Lukas enorm wichtig waren und auch aktuell noch sind. In der Hoffnung, dass dieses Signal vom Elternhaus erkannt wird und Lukas dieses Stück Selbstständigkeit übertragen wird, legten wir über einen langen Zeitraum regelmäßig, nach dem gemeinsamen Erledigen der Hausaufgaben, den Heimweg zu Fuß zurück.

Vor den Weihnachtsferien gab es einen Ausflug in die Landeshauptstadt. Geplant waren ein Kino Besuch und ein sich anschließender Bummel über den Weihnachtsmarkt. Dank der neuen, aufgeschlossenen Klassenlehrerin war es möglich, diesen so zu organisieren, dass ich, als Schulbegleitung nicht dabei sein musste. Dieses war in Hinblick darauf, dass es das Ziel ist Lukas zur maximal möglichen Selbstständigkeit zu führen, ein entscheidender Schritt.

Für die Begleitung an diesem Tag wurde Mutti Richter akquiriert. Diese Tatsache löste bei Lukas natürlich keine Begeisterungsstürme aus, jedoch ließen klare Absprachen und die mentale Vorbereitung von Lukas das „Projekt Weihnachtsmarkt" zum Erfolg werden.

Die Klassenlehrerin übernahm den ersten Teil der Veranstaltung- Zugfahrt und Kinobesuch- und für den „Freigang" auf dem Weihnachtsmarkt trat dann die Erziehungsberechtigte auf den Plan.

Diese musste vorab versprechen, bis zu ihrem Einsatz einen Abstand zu halten, der es Lukas unmöglich machte, sie zu sehen. Für den gemeinschaftlichen Weihnachtsmarktbummel gab ich Lukas Tipps mit auf den Weg, die ihn derart belustigten, dass er sich auf das Testen dieser freute und somit auch Mutti als Begleiterin akzeptieren konnte. Ob Mutti damit so glücklich war, Zielscheibe unserer kleinen Gemeinheiten zu sein?!

In Folgendem erkläre ich etwas ausführlicher, welche Mittel zum Einsatz kamen, um Lukas den Weihnachtsmarktbummel schmackhaft zu machen.

Mir war das sehr wichtig, zum einen, weil zukünftige Ausflüge sowieso ohne meine Anwesenheit geplant und durchgeführt werden mussten und zum anderen, war es in meinen Augen eine wunderbare Chance, für Mutter und Sohn, Zeit miteinander zu verbringen. Zeit, in ganz besonderer Atmosphäre, zum Reden, Lachen, Naschen, wertvolle Zeit für ein uneingeschränktes Miteinander, ohne Schwester, Oma, Tanten.

Die gesamte Vorweihnachtszeit fühlte sich Lukas extrem genervt, ständig dazu befragt zu werden, was er sich denn nun wünsche. Da auch ich denke, dass die Schenkerei im Allgemeinen und die Weihnachtliche im Besonderen absolut überbewertet werden, bot dieser Auswuchs an materiellem Denken und Tun, genug Gesprächsstoff für uns beide. Gemeinsam positionierten wir uns zu dem Gedanken, dass es für uns wichtiger war, füreinander da zu sein, zusammen zu sein und Zeit miteinander zu verbringen. Gleichzeitig warb ich aber auch um Verständnis und Toleranz für unsere andersdenkenden Mitmenschen. Lukas verabscheute den Materialismus, war aber in der Lage anzunehmen, dass er anderen wichtig war. Das war eine riesige Leistung für ihn!!

Er distanzierte sich davon und formulierte dieses auch unmissverständlich, ertrug und tolerierte es aber, dass andere ihn trotzdem beschenkten. Mit einem Lächeln stand er über den Dingen und ließ sie stressfrei zu. Er war bereits soweit in seiner Entwicklung, dass er- bleiben wir beim Beispiel der Geschenke- differenziert betrachtete und bewertete!! So erkannte er für sich unterschiedliche Werte von Geschenken; angefangen von überflüssig- zum Beispiel Geld -bis anerkennenswert für zum Beispiel -eine selbstgestaltete Tasse.

„Glücklich macht nicht, alles zu bekommen, was man will, sondern das zu wollen, was man bekommt."

Er war bereit zu akzeptieren, dass Menschen unterschiedlich sind und erwartete aber entsprechende Akzeptanz auch in Bezug auf seine Einstellungen.

Leider ist es sehr schwer für viele Menschen und erst recht für eine Mutter, oder liebe Angehörige, gerade zu Weihnachten nichts zu schenken. Über Erklärungen und Beschreibungen der Gefühlswelt der Schenkenden brachte ich Lukas dazu, wenn es denn unbedingt sein musste, entsprechende Gaben kommentarlos, lächelnd anzunehmen. Zum Ende des Jahres 2013 war Lukas im Besitz unzähliger Gutscheine, im Gesamtwert von nicht unbeträchtlicher Höhe. Leider standen einige schon kurz vor dem Verfall und somit stieg natürlich die Angst, mit weiteren bedacht zu werden...

Den bereits erwähnten Unmut, den die ständige Fragerei bei Lukas ausgelöst hatte, nahm ich nun zum Anlass, um Lukas für den gemeinsamen Weihnachtsmarktbummel mit Mutti, zu begeistern.

Enthusiastisch und voller Freude beschrieb ich ihm den „Film", der in meinem Kopf Premiere hatte. Eine bei Lukas besonders gut funktionierende Methode! Ich sah eine etwas genervte Mutter im Schlepptau eines sich sehr amüsierenden jungen Mannes. Etwas ungestüm, aufgeregt und ungelenk zerrte er die Erziehungsberechtigte von Bude zu Bude, und präsentierte ihr wild gestikulierend, all die vielen Dinge aus dem reichlichen Überangebot, die er sich nicht wünschte. Die „Nicht-Geschenke-Wunschliste" wurde immer länger. Diese Vorlage kam an! Begeistert ergänzte Lukas mein „Kopfkino" mit seinen Gedanken und entwickelte Vorfreude auf die „Dreharbeiten". Lukas nahm am Klassenausflug in Begleitung seiner Mutti teil. Im Hinblick auf die Stärkung von Lukas Selbstvertrauen, auf Zusammenarbeit von Schule und Elternhaus und in Hinblick auf das Ziel, meine Anwesenheit überflüssig zu machen, war es eine gelungene und schöne Aktion für alle Beteiligten.

Wir bleiben in der Vorweihnachtszeit. Ein anderes beeindruckendes und bis dahin einmaliges Dokument, für die enorme Entwicklung des kleinen Freaks, war das gemeinsame Anfertigen eines Weihnachtsgeschenkes für Omi und Mutti. Die Bereitschaft dazu entstand nicht aus eigener Überzeugung, sondern aus dem erworbenen Verständnis für das Gefühlsleben anderer. Auch wenn er nichts dabei empfand, seine Angehörigen zu beschenken, so verstand er nun aber, dass es Mutti und Oma sehr viel bedeutete, von ihm bedacht zu werden. Also ließ er sich auf eine Bastelaktion ein.

Mir ging es dabei vorrangig um die Stärkung der Gefühlsebene bei Lukas. Wie bereits in anderen Kapiteln thematisiert, verbrachten wir viel Zeit damit, Gefühle zu erklären und Lukas brannte darauf, sie und daraus resultierende Verhaltensweisen zu verstehen. Dieses Wissen und das Verständnis dafür, gaben ihm notwendige Sicherheit und waren Grundlage für eine stressfreie Interaktion. Das Material hatte Lukas gesammelt, nun galt es, Kenntnisse in der Praxis anzuwenden, Erkenntnisse umzusetzen, und deren Funktionieren zu testen.

Als ich ihm die Frage stellte, ob er Lust hätte, für seine Mutti und seine Omi etwas zu basteln, war er sofort dazu bereit. Häufig war er jetzt auch in der Lage, „Ja" oder „Nein" zu sagen, anstatt von „Weiß nicht".

Kurz entschlossen traten wir gemeinsam den Weg in die Stadt an, und überlegten uns in der Bastelabteilung eines großen Marktes einen Plan. Nach Sichtung des angebotenen Materials entschieden wir uns für die Herstellung eines Schlüsselanhängers aus Swarovski- Kristallen in der Form eines Engels. Das entsprechende Bastelset gab es in den Farben Gold, Silber und Schwarz. Die Entscheidung für Gold und Schwarz war rückschauend die größte Hürde, die Lukas überwinden musste und raubte uns fünfundvierzig Minuten. Indirekt lenkte ich seine Lösungsfindung und erwartete diese entspannt. Amüsiert beobachtete ich das etwas genervte Verhalten der Verkäuferin, die verständlicherweise nicht so viel Zeit hatte, aber gezwungen war dabei zu bleiben, weil sich das Wunschmaterial in verschlossenen Vitrinen befand, welche nach Öffnung bewacht werden mussten.

Meine Aufgabe in dieser Situation bestand darin, den Druck, der von ihr ausging zu neutralisieren und Lukas das Gefühl zu vermitteln, dass alles ok ist, auch wenn es zwei Stunden dauern würde. Es gelang! Das Rohmaterial im Gepäck, suchten wir uns einen Platz, an welchem wir ungestört an die Arbeit gehen konnten. Diesen fanden wir im kleinen Lehrerzimmer und Lukas begann voller Hingabe alle Einzelteile zu einem Gesamtkunstwerk zusammen zu fügen.

Es war beeindruckend zu sehen, dass sich Lukas auch bei kniffligen Details nicht aus der Ruhe bringen ließ. Bis zur Fertigstellung arbeitete er hoch konzentriert, geduldig und anspannungsfrei. Hilfe lehnte er ab, aber Tipps nahm er dankend an! Unterstützung durch mich ließ er nur in der Form zu, dass ich die fertigen Anhänger geschmackvoll verpacken und bis zur feierlichen Überreichung, beziehungsweise dem letzten Schultag, sicher verwahren durfte.

Außerdem ging ich in Vorleistung bezüglich der Finanzierung. Lukas schaffte es tatsächlich, an die Begleichung seiner Schulden zu denken, die Summe unbemerkt aus seiner Sparbüchse in seine Hosentasche zu transferieren, um sie an mich auszuhändigen. Mir war bewusst, dass auch das eine super Leistung war, welche Anerkennung verdiente. Während der Arbeit an den Weihnachtsgeschenken entwickelten wir bereits Ideen, für das Anfertigen einer Überraschung anlässlich des Geburtstages von Mutter Richter. Dabei handelte es sich um einen „Pillenstrauch" der gespickt mit Smarties in allen Farben und untermalt von einer lustigen Gebrauchsanweisung überreicht werden sollte. Lukas brannte für die Idee und die erfolg-reiche Umsetzung erfolgte zu entsprechender Zeit.

Zum Ende des ersten Halbjahres war Lukas mit einem Selbstvertrauen ausgestattet, dass es ihm ermöglichte, stress-frei zu arbeiten, ungünstige Umstände zu tolerieren und mit wenig Intervention zu bewältigen.

Zum Beispiel führte es nicht mehr zur erhöhten Anspan-nung, wenn ein Lehrer nicht pünktlich zum Unterricht er-schien, es war normal und wurde lächelnd akzeptiert. Sollte es doch vorkommen, dass eine Lehrkraft schneller als das Stun-denklingeln war, konnte das anerkennend zur Kenntnis ge-nommen werden.

Bei der Erarbeitung von Bewältigungsstrategien, gingen wir prinzipiell von chaotischen Zuständen aus. Insofern vermit-telte ich Lukas Rüstzeug für das Beherrschen des schlimmsten –nicht selten eintretenden- Falles. Immer besser war er in der Lage, schlechte Bedingungen zu kompensieren und adäquat zu reagieren. Da er gewappnet war für den „Ernstfall", bewältigte er somit logischerweise „normal" verlaufende Situationen mit einer gewissen Entspanntheit.

Anfang des Jahres 2014 stand das erste längere Schulprak-tikum an. Dieses fand im Institut für soziales Lernen mit Tieren statt und war ein voller Erfolg. Vorab besichtigte Lukas mit seiner Mutti die Einrichtung, sprach mit der Leiterin, machte sich bekannt mit der Praktikantin, welche während seiner Einsatzzeit dort für ihn zuständig war und begrüßte die Tiere, welche vierzehn Tage lang Arbeitsinhalt werden sollten. Ge-sondert, stellte auch ich mich vor Beginn des Praktikums bei den Verantwortlichen vor und wir besprachen notwendige Dinge, bezüglich der Person Lukas und der für ihn zu schaffen-den notwendigen Bedingungen. Dazu gehörte es zum Beispiel, dass Lukas nur sechs Stunden arbeiten musste und wir die verbleibenden zwei Stunden nutzen konnten, um Tagesberich-te für den Praktikumsbericht zu erarbeiten. Weiterhin erhielt er klare Strukturen für den Tagesablauf und überschaubare und abrechenbare Arbeitsaufgaben.

Da sich der Praktikumsbetrieb in dem Ort befand, in welchem ich wohnte, trafen wir uns jeden Morgen an meinem Gartentor und nahmen den für Lukas recht beschwerlichen Weg von circa einem Kilometer zu Fuß auf uns. An dieser Stelle muss ich zugeben, dass der Weg zurück „auf los", nach 6 Stunden getaner Arbeit im Stall und ausschließlich mit Freiluftcharakter, auch für mich nicht immer der Leichtfüßigste war! Natürlich gab ich mich zu keiner Zeit geschlagen und ließ es Lukas nicht merken. Seine „Jammertiraden" beantwortete ich mit einem Lächeln und der Verschärfung des Schritttempos!

Das Institut an sich, ist eine tolle Einrichtung! Es gibt zahlreiche Tiere, die bei der Therapie verschiedenster Behinderungen zum Einsatz kommen. Übergreifende Aufgabe für Lukas war es, diese am Ende des Praktikums namentlich benennen zu können. Kein Problem für den „Kleinen Freak"! Da waren unter anderen die Esel, Groucho, Moritz, Rufus und das Heißblut Miguel; die Pferde Ronja, Stern, Gismo und Lieselotte; die Kühe Emma und Cassi; die Ziegen Kasimir und Hermine; die Minnischweine Elly und Billi; die Hunde Haniball, Linda, Maja und Ben; die „Wachschwäne!" Luna und Agatha und, und, und.. Lukas kannte sie alle!

Morgens um acht ging es los. Schon am dritten Tag erledigte er erste immer wiederkehrende Aufgaben, ohne Aufforderung und selbstständig! Dazu gehörten zum Beispiel das Befüllen der Trinknäpfe auf den verschiedenen Weiden und das Abäppeln der Pferdekoppeln. Das Ausmisten der Ställe nahm die meiste Zeit in Anspruch, aber auch diese Aufgabe bewältigte Lukas ohne Hilfe. Zwischendurch wandte er sich immer wieder den Tieren zu und es war sehr beeindruckend, welchen Bezug er zu ihnen aufbauen konnte. Auch ich konnte meine vorhandenen Ängste vor einigen Tieren etwas abbauen. Trotzdem vermied ich es beim Ställe säubern direkt auf sie zu treffen. Lukas genoss es im Bedarfsfall, den Beschützer zu spielen und positionierte sich tapfer vor mir, um vermeintliche Gefahren abzuwenden. Mein Respekt vor den Schwänen zum Beispiel war bis zum letzten Tag unseres Einsatzes nicht geringer geworden. Kampfbereit und laut schnatternd, wild mit den Flügeln schlagend und ihre Machtposition auf dem Hof demonstrierend empfingen diese schönen Tiere uns manchmal schon am Gartentor. Lukas stellte sich gelassen und bedacht der Situation, näherte sich ihnen und „begleitete" sie- weg vom Eingangsbereich, um mir den Eintritt zu ermöglichen.

Angstfrei, aber mit Respekt begegnete er den Tieren, unabhängig von Größe, Geschlecht, Rasse, oder Aussehen und es war bewundernswert zu sehen, welche Beziehung er zu jedem Einzelnen von ihnen aufbaute! Im Ergebnis dessen gibt es für mich auch die Erkenntnis, dass der „Pferdeflüsterer" ein Autist gewesen sein muss!

Die Tage vergingen, zum Abschluss der Arbeit auf dem Hof stand regelmäßig das Ausführen eines Tieres auf dem Programm. Meistens war das ein halb- bis einstündiger Spaziergang mit den Hunden. Anschließend schleppten wir uns zu mir nach Hause, entledigten uns der aromatisierten Bekleidung und den vom Stallmist gezeichneten Gummistiefeln und widmeten uns dem theoretischen Teil der Praktikumsmappe.

Lukas hatte viel Freude, auch wenn er es danach gefragt nicht zugab. Die frische Luft und die harte körperliche Arbeit, verschafften ihm einen guten Nachtschlaf und somit einen guten Tag- Nachtrhythmus. Die für Lukas zuständige Betreuerin hatte eine guten Draht zu ihm aufgebaut und so schaffte er es sogar, einen Tag des Praktikums ohne meine Begleitung zu absolvieren. Auch an dieser Stelle nochmal ein riesiges Lob und Dankeschön an den jungen und motivierten „Quirl", der wesentlichen Anteil am Gelingen des Praktikums hatte!

Ja, es ist zu erkennen, dass es mit großen Schritten voran ging. Alles, was vor zwei Jahren undenkbar gewesen wäre, wurde nach und nach Normalität. Lukas war spitze!! Und wir Beide im Team- wie „Latsch und Bommel"- waren unschlagbar! Mit der bereits angekündigten Darstellung des letzten von Lukas namentlich benannten Problems, erreiche ich nun endgültig die Zielgerade.

Nochmal zur Erinnerung; handelte es sich um einen Lehrer, der mit mehreren Fächern in der Klasse vertreten war. Der Unterricht dieser Fachkraft sorgte nicht nur bei Lukas für Unmut. Ursache dafür waren mehrere Faktoren.

Gleich zu Beginn stand das ständig wiederkehrende „Kappenproblem", das ja eigentlich gar keins sein müsste. Immerhin war Lukas bereits soweit gefestigt, dass er generell bereit und in der Lage war die Kopfbedeckung abzunehmen. Personen und situationsbedingt tat er das sogar ohne Aufforderung. Auch im Unterricht dieses Lehrers war Lukas bereit, die Mütze vom Kopf zu nehmen, wenn es entsprechender Lehrkraft wichtiger war, als das Befinden des kleinen Freaks.

Im Hinblick auf die schlechte Gesamtsituation war das bereits Höchstleistung für Lukas. Für das Entgegenkommen seinerseits, erwartete er allerdings auch eine Gegenleistung in der Form, dass der Lehrer ihn zur Entfernung der Kopfbedeckung aufforderte. Dieser „Machtkampf" erstreckte sich über mehrere Stunden. Lukas hatte konsequent zu Beginn jeder Stunde die Kappe auf dem Kopf. Manchmal gleich zu Beginn der Stunde, manchmal erst später, folgte dann die Aufforderung an Lukas, die Mütze zu entfernen. Begleitende Kommentare wie: „ Jedes Mal muss ich das sagen".., Es müsste doch zu schaffen sein, auch ohne dass ich es sage.., langsam reicht es aber.., wie oft muss ich denn noch?...", ließen keine Anspannung bei Lukas aufkommen. Belustigt folgte er der Aufforderung, welche anfänglich unregelmäßig und in Folge gar nicht mehr an ihn gestellt wurde.

Die gesamte Klasse hatte ein Problem mit der Unterrichtsgestaltung dieses Fachlehrers. So war der Unterrichtsstil nicht unbedingt mitreißend, motivierend und interessant gestaltet, obwohl fachliche Inhalte genügend Möglichkeiten dafür geboten hätten.

Umfangreich wurden Hausaufgaben erteilt, deren

Kontrolle ihm das Füllen der folgenden Unterrichtsstunde sicherte und somit die eigene umfangreiche Vorbereitung überflüssig machte. Aufgrund der sowieso vorherrschenden schlechten Hausaufgabenmoral und der Tatsache, dass die Auswertung dieser anfänglich nur mündlich, ohne die Erarbeitung eines entsprechenden Tafelbildes erfolgte, entstanden bei einem großen Teil der Klasse Lücken in entsprechenden Aufzeichnungen und folglich auch im Kenntniserwerb. Diese spiegelten sich in den Ergebnissen der Klassenarbeiten und später in den Zeugniszensuren wieder.

Regelmäßig kam es in seinen Fächern dazu, dass Klassenarbeiten genehmigt werden mussten und die Eltern von fünfzehn Schülern der Klasse erhielten im Frühjahr die schriftliche Mitteilung von der Schule, dass ihr Kind versetzungsgefährdet sei. Auch Lukas ergatterte entsprechendes Exemplar.

Die Ursachen für das Versagen der Schüler lagen für verantwortliche Lehrkraft klar auf der Hand; Alkoholkonsum, Desinteresse, Dummheit. Er nutzte jede Gelegenheit, um nochmal Salz in die Wunden zu streuen. Viel Energie legte er in die Erforschung von „Versagen" der Schüler und geizte dann nicht mit der schonungslosen Präsentation seiner Erkenntnisse in zum Teil erniedrigender, persönlich verletzender und in jedem Fall unangemessener Form.

Die Maßnahme der Eigenreflexion vollständig missachtend, führte er den Schülern ihre Unfähigkeit vor Augen und scheute dabei auch nicht den Einsatz von Material, welches ihm die Schüler in ihrer Naivität vertrauenswürdig vorab zugespielt hatten. Gaben diese zum Beispiel zu, dass es in der momentanen Phase der Pubertät, durchaus andere Reize gab, die auch ohne Reizfilterschwäche eine stärkere Kraft ausübten, als er es mit seinem Unterricht vermochte, wurde diese biologische Tatsache, als Unwille, Faulheit und absolutes Desinteresse interpretiert und als Munition gegen die Sender der Botschaft eingesetzt.

Später wechselte er die Taktik - indirekte Anspielung und Suggestion traten an die Stelle des direkten Angriffs. Nun wurde aus dem konkret und gezielt gesendetem Vorwurf, „dass sich jemand das Hirn weggesoffen hatte", ein belächelter Hinweis auf zweifelhafte Freizeitaktivitäten, die zum Leistungsversagen führten.

Nicht alle erkannten die List, Lukas schon! Vor nicht allzu langer Zeit hätten derartige Wesenszüge eines Menschen, von ihm nicht toleriert werden können.

Denken wir nur an den netten Englischlehrer, der bei Lukas durch weit weniger „Fehlverhalten", eigentlich aufgrund eines Missverständnisses eine Explosion auslöste. Öffentlich ausgesprochene verletzende und erniedrigende Worte hätte Lukas ohne einen enormen Anspannungsaufbau niemals zulassen können.

Nun war alles anders. In Anbetracht dessen, dass Lukas- für uns nur schwer ertragbare Beleidigungen- generell nicht in gleicher Form empfindet, und er es gelernt hatte nicht bedingungslos für alle anderen agieren zu müssen, blieb er relativ entspannt. In Gesprächen thematisierten wir die Form und den Inhalt der verbalen Entgleisungen des Pädagogen, bildeten uns unter Abwägung aller zusammengetragenen Fakten einen Standpunkt und entschärften damit vermeintliches Problem.

Lukas erarbeitete sich eine Strategie, welche es ihm ermöglichte, sich mit der Person und mit dem von ihm erteilten Unterricht zu arrangieren, ohne nicht kontrollierbaren Stress aufzubauen. Fing also Lukas an, sein Gegenüber mit all seinen Erscheinungsformen zu akzeptieren und sich zu arrangieren, konnte man das von der Gegenseite, bei welcher man dieses Verhalten eigentlich voraussetzt und nicht zuletzt auch aufgrund seiner Position und Aufgabe -als Beamter im Schuldienst- erwartet, leider nicht behaupten. Im Gegenteil, er nutzte zum Beispiel wissentlich einen Moment, in welchem Lukas mich nicht in seiner Nähe wusste, um den bereits ad acta gelegten Kappen-Machtkampf wieder zu aktivieren.

Nur im äußersten Notfall kam es vor, dass ich mal stundenweise nicht in der Schule war. Trat dieser ein, wurden alle

Lehrer extra darauf hingewiesen und um die Berücksichtigung der besonderen Situation für Lukas gebeten. Es war also davon auszugehen, dass der kleine Freak etwas angespannter als sonst war und vielleicht kleine Unregelmäßigkeiten größere Wirkungen hatten. Sind sich die meisten Lehrer dessen bewusst und reagieren in der Form, dass sie ihre Wahrnehmung schärfen und auftretende Tics, oder ähnliches verstehen, setzte der hier thematisierte Lehrer auf Angriff und forderte Lukas zum Abnehmen seines Käppis auf. War es seine Absicht, Lukas aus der Reserve zu locken, so hatte er sich jedoch getäuscht. Sicher gefiel es Lukas nicht, aber er schaffte es auch ohne Käppi und ohne Ausraster und ohne Diskussion!! Dieser Punkt ging an den Base-Cap Träger!

Da hatte sich der Pädagoge ein dickes Eigentor geschossen, denn diese für mich menschlich nicht nachvollziehbare Aktion, veranlasste mich dazu, von diesem Moment an, in jeder seiner Unterrichtsstunden unmittelbar anwesend zu sein. Sowohl für ihn, als auch für mich nicht unbedingt angenehm! Vieles was ich erlebte war sehr nervenaufreibend und erinnerte mich an Situationen aus den ersten Monaten meiner Arbeit mit Lukas. Damals nahm ich eine Einteilung entsprechender Akteure in Kategorien vor, vielleicht erinnern sie sich an das erste Kapitel?! Um es der Vollständigkeitshalber auch hier zu tun, müsste ich entsprechende Übersicht um die Kategorie Doppel B erweitern, BB für unwillig, beratungsresistent und nur bedingt kooperativ.

Lukas amüsierte sich darüber, dass mein Stressspiegel, sowohl vor, als auch nach entsprechendem Unterricht höher war, als sein eigener. Großzügig bedachte er mich mit Tipps und Tricks im Umgang mit Unabwendbarem.

Auch das war eine Methode, sein Selbstvertrauen zu stärken und sie funktionierte hervorragend! Lukas fühlte sich der Situation gewachsen und entwickelte eine extrem hohe Toleranzgrenze. Kleine Gemeinheiten lächelten wir weg und entschuldigten sie mit einer schweren Kindheit oder ähnlichem. Wir gönnten ihm die hämische Freude darüber, dass er mich wissentlich im Klassenraum einschloss, als die Klasse in den Computerraum wechselte und ich im Klassenraum zurückblieb. Er konnte ja nicht wissen, dass ich einen Schlüssel hatte und es somit gar kein Problem für mich war. Auch gönnten wir ihm die Freude, die er offensichtlich empfand, als er 10 Minuten nach Unterrichtsbeginn und nachdem ich meine Arbeitsmaterialien ausgebreitet hatte, ausgerechnet meinen Tisch aus dem Raum entfernen ließ, um einen Schüler auf dem Flur eine Klassenarbeit nachschreiben zu lassen. (Das Arbeiten im Schulflur-eine überaus fragwürdige und schlechte, aber durchaus gängige Methode!!) Notwendigerweise wählte ich einen neuen Platz und entschied mich für den, direkt neben Lukas. Das ihm der sich nun bietende Anblick- Richter und Müller, im Doppelpack- besser gefallen hat, wage ich zu bezweifeln.

Den beeindruckend hohen Stand der Persönlichkeitsentwicklung von Lukas, bewies auch sein Verhalten, als es zwischen der Klasse und dem Fachlehrer zu einer Aussprache kam. Entsprechende hatten die Schüler selbst eingefordert, um einen respektvollen Umgang mit ihnen einzufordern. Die Argumentation von Schülerseite aus verlief beeindruckend sachlich, offen und in korrekter Form. Lukas hatte sich speziell vorbereitet und Stichpunkte mit Argumenten gesammelt, die der zielorientierten Problemlösung dienlich sein sollten. Fakten, welche die Notwendigkeit dieses Gespräches untermauerten, hatte er fein säuberlich zusammengetragen und kontrollierte nun während des verbalen Austauschs die ordnungsgemäße Abarbeitung aller Kritikpunkte. Kam es zum Stocken, oder „verlief" man sich, meldete er sich zu Wort und bemühte sich um eine Rückkehr zum Wesentlichen.

Es war echt toll, auf welchem Niveau die gesamte Klasse diese Aussprache führte! Im Ergebnis dessen trat bei der Lehrkraft bereits erwähnter Taktikwechsel ein. Kurzeitig fanden angebrachte Kritikpunkte auch Beachtung in seiner Unterrichtsgestaltung. Leider hatte dieses Gespräch aber auch zur Folge, dass die Schulbegleiterin, welche einen anderen Schüler der Klasse begleitete, nach verbalen persönlichen Angriffen durch die Lehrkraft, vor den Schülern der Klasse, ihre Arbeit an der Schule beendete.

Anschließend stattfindende Gespräche konnten weder den Pädagogen dazu bewegen, sich bei der Schulbegleitung zu entschuldigen, noch im Gegenzug die Kollegin dazu, an der Schule zu bleiben.

Leittragender war und ist der Schüler, der ohne Begleitung und Unterstützung der Schule nur mit ach und Krach das Klassenziel erreichte und sich fortan alleine, ohne Förderung durchkämpfen musste.

Es ist für mich nicht nachvollziehbar, dass entsprechendes Tun eines Lehrers, ohne Konsequenzen toleriert wird. Diese Art von „Narrenfreiheit" ist mir unverständlich, gerade in einem Bereich, in welchem es um junge Menschen, um deren Zukunft geht. Aber ich habe auch gelernt es nicht mehr zu nah an mich heran zu lassen. Menschen die Unterstützung brauchen müssen hart dafür kämpfen und fallen meist vorher durch alle Raster und dann sehr tief. Und die Menschen, die sich für die „Hilfesuchenden" engagieren werden in ihrem Kampf allein gelassen.

Als sehr bemüht und den Schülern zugewandt erlebe ich viele Lehrer aus dem Haupt und Realschulbereich. Tagtäglich nehmen sie sich den Problemen ihrer Schüler an, suchen nach Lösungen, bringen notwendige Dinge in Gang, scheitern dann aber auch oft an den gegebenen Bedingungen, der mangelnden Unterstützung durch andere Verantwortliche. Ist es für einige Lehrer das Kind, das im Mittelpunkt ihrer Bemühungen, ihrer Arbeit steht, ist es für andere der Ruf der Schule, die Darstellung der eigenen Person, das Erreichen und Belegen von höheren Positionen und für wieder andere steht das schwer verdiente Geld im Mittelpunkt. Traurig, aber wahr!

Ein besonderes Ereignis, welches sich circa sechs Wochen vor der Fertigstellung des Manuskripts dieses Buches zutrug, empfand ich wie ein Signal; Lukas war „fertig", ein Kreis hatte sich geschlossen, das Ende meiner Arbeit mit Lukas ist in Sicht.

Lukas hat ein Höchstmaß an Selbstständigkeit und Selbstsicherheit im Schulalltag erreicht. Im letzten von mir verfassten Entwicklungsbericht –für das in der vergangenen Woche statt gefundene Hilfeplangespräch- bescheinigte ich ihm einen kaum für möglich gehaltenen Entwicklungsstand.

Ich bin sehr stolz auf Lukas!

Was war es denn nun für ein Ereignis, welches überschwängliche Freude und Optimismus bei mir auslöste?

Ein Problem, welches ganz am Anfang meiner Arbeit mit Lukas an erster Stelle meiner „To do Liste" stand- vielleicht erinnern sie sich?!- war das Toilettenproblem.

Zur Erinnerung nur so viel; Lukas vermied es den ganzen Vormittag Flüssigkeit zu sich zu nehmen, da er nicht in der Lage war, die Toilette in der Schule zu nutzen. Die Lösung dieses Problems schien unmöglich und verschwand immer mehr aus dem Blick. Jetzt, da es bereits als unlösbar ad acta gelegt war, geschah folgendes.

Gemeinsam standen Lukas und ich in der Hofpause vor der Turnhalle, als er sich blitzartig, mit den Worten:" Also bevor ich mir beim Sport in die Hose mache, gehe ich wohl besser schnell mal auf die Toilette." in Richtung Schulhaus entfernte. Was war das? Hin und her gerissen, versuchte ich die Situation zu verstehen. - Was sollte ich tun, wenn er nicht pünktlich wieder zurück war? , Sollte ich jemanden hinterherschicken, oder informieren?, Sollte ich hinterher laufen?- Gefühlt gingen mir tausend Fragen durch den Kopf. Noch bevor ich auch nur eine davon für mich beantworten konnte, stand der kleine Freak wieder vor mir. Vollkommen relaxt, amüsiert und die Zweideutigkeit meiner Frage nach dem problemlosen Ablauf sofort erkennend, gab er Entwarnung. Unglaublich!!

Lukas verschwand in der Turnhalle und mir standen die Tränen in den Augen. Es dauerte einen langen Moment, ehe ich verstand, was kurz zuvor geschehen war! Das für Unmöglich gehaltene war möglich! Bis heute hat Lukas mehrmals die Schul-Toilette aufgesucht und mir damit signalisiert, dass es fast schon normal für ihn ist und kein Problem mehr darstellt!!

Natürlich ließ ich auch Mutti Richter an meiner Freude teilhaben. Auch ihr nötigte diese Tatsache einige Tränchen der Freude ab. Die blieben aber vor Lukas geheim, denn er wollte nicht, dass ich daraus „so ein Ding" mache. Verständlich, denn eigentlich feiert man Erfolge dieser Art, regionalabhängig in einem Alter von 1-5 Jahren.

Im Gegenzug zu meiner Indiskretion verriet sie mir, dass Lukas heimlich joggen ging. Sie begleitete diese Aktivität mit dem Fahrrad. Um sich meinen ständigen Nachfragen bezüglich des aktuellen Trainingsstandes zu entziehen, musste Mutti Richter ihrem Sohn Stillschweigen mir gegenüber geloben.

Tja, Lukas und solltest du es tatsächlich bis an diese Stelle des Buches schaffen, weißt du nun, dass auch wir manchmal etwas getrickst haben. (Jetzt lächelst du bestimmt!? Und diese Vorstellung rührt mich schon wieder zu Tränen!)

In diesem Fall heiligt der Zweck eben doch die Mittel! Dieses Sprichwort werde ich dir gleich Montag unter einem Vorwand, an einem anderen Beispiel erklären, falls du Probleme bei der Interpretation hast!

Heute ist der 25.07.2014, das Schuljahr ist fast geschafft, es trennen uns nur noch 3 Tage vom Beginn der Ferien. Gestern fand das Sommersportfest statt. Lukas absolvierte problemlos den leichtathletischen Dreikampf. Leider gibt es die Wettkampfkarte aus dem Jahr 2012 nicht mehr, aber ich bin mir sicher, dass auf dieser weit schlechtere Werte dokumentiert waren, als auf der von gestern! Bewegungsabläufe waren fließender, der 100 Meter Sprint schneller, der Weitsprung und der Ballwurf weiter. Lukas absolvierte das gesamte Programm ohne Kopfbedeckung und mit nur kleinen Hilfestellungen. Es war auch sehr erfreulich, dass Hinweise zur Planung des nächsten Sportfestes, vom verantwortlichen Organisator dankend angenommen und deren Umsetzung angestrebt werden soll. Die restliche Zeit des Vormittags verbrachte Lukas mit dem Erststudiums des Manuskriptes.

Jetzt, da ich mich auf der Zielgeraden befinde und die Suche nach einem Verlag auf Hochtouren läuft, ist es an der Zeit, dass sowohl Der Hauptdarsteller, als auch die dazugehörige Erziehungsberechtigte meine literarischen Ergüsse zur Kenntnis nehmen und der Veröffentlichung in der Form zustimmen.

Es gibt noch so viel, was ich berichten könnte. Immer wieder fallen mir, Gespräche, Ereignisse und lustige Episoden ein. Wenn ich wollte, könnte ich weitere mindestens dreihundert Seiten schreiben, aber die Zeit drängt!

Zum Ende des Jahres 2014 werden mein Ehemann und ich Deutschland verlassen. Bis dahin, möchte ich dieses Buch auf Reisen gebracht haben. Dementsprechend beende ich meine Arbeit mit Lukas nach den Herbstferien. Bevor ich nun zum Plädoyer komme noch ein letzter ganz kurzer Bericht über eine weitere beeindruckende Tat des Lukas Richter!

Seit einem Jahr planen mein Mann und ich unsere Ausreise nach Afrika, weg, aus dieser Überflussgesellschaft, zurück zum ursprünglichen und einfachen Leben. Hinein in eine Welt, in welcher noch der Mensch im Mittelpunkt steht, nicht das Geld.

Im Zuge dessen beschäftige ich mich auch seit längerer Zeit im Selbststudium mit der portugiesischen Sprache. Von Beginn an, erzählte ich Lukas von unseren Plänen, führte stundenlange Gespräche mit ihm, über Politik, das Leben, Werte, Einstellungen, die verschiedenen Gesellschaftsformen und deren Erscheinungsbilder, und, und, und. Dabei ähnelten sich unsere Einstellungen und Gedankengänge extrem! Lukas war in der Lage, Dinge aus verschiedenen Perspektiven zu betrachten, er erkannte problemlos Manipulationen durch Presse und Personen, war kritisch und objektiv und in der Lage, so vielseitig zu argumentieren, dass es Freude machte, mit ihm zu reden.

Oft wünschte ich mir dieses Niveau und entsprechende Tiefgründigkeit auch für Gespräche in dafür geeigneten Unterrichtsfächern. Dieses scheiterte oft schon am eigenen Unvermögen und beschränkten Sichtweisen einiger Pädagogen. Einseitige Darstellungen und Bewertung von Verhaltens- und Denkweisen zu komplexen Themen und Situationen machten eine gewünschte(?) freie und kritische Meinungsbildung der Schüler auf hohem Niveau unmöglich.

Aber eigentlich ging es ja um eine ganz andere „Geschichte" die ich hier noch kurz erwähnen wollte…
Häufig berichtete ich Lukas von meinen Bemühungen und ersten Erfolgen beim Erlernen der neuen Fremdsprache. Interessiert erfragte er Vokabeln, und sammelte Informationen darüber, wie der von mir gewählte „Internetkurs" funktioniert. Schon des Öfteren hatte Lukas unabhängig davon erwähnt, dass er gerne japanisch lernen würde. Nun war die Zeit gekommen, ihn daran zu erinnern!
Nachdem Lukas in einer Englischstunde aufgrund von Faulheit nur mangelnde Vokabelkenntnisse vorweisen konnte und eine leichte Anspannung bei ihm erkennbar wurde, setzte ich die „Kopfkino-Methode" ein. Diesmal beschrieb ich die verblüfften Gesichter seiner Mitschüler, wenn er statt der geforderten Übersetzung ins Englische, eine solche ins Japanische vornahm.
Diese Vorstellung gefiel ihm sofort. Er griff sie auf und schrieb den zweiten Teil des Drehbuchs. Ja, Sie können es glauben! Eine Woche später verfügte Lukas über entsprechende Lerndatei auf seinem Computer und mittlerweile auch schon über einen beachtlichen Wortschatz! Es ist unglaublich, mit welcher Leichtigkeit er die Vokabeln lernt! In dem für ihn typischen Anspruch auf Perfektion, konsumiert er das angebotene Wissen und „spuckt" -für Laien zwar schwer einschätzbar- aber durchaus sich perfekt anhörendes japanisches Vokabular aus.
Meinen Bekannten- und Freundeskreis habe ich bereits mobil gemacht, um für Lukas Gesprächspartner zu finden. Sicher wäre es auch für ihn interessant, seine Sprachkenntnisse in der Praxis anzuwenden?!

So, wir sind am Ende der achten Klasse angelangt. Heute ist der erste Ferientag, der 31.07.14.

Während der schulfreien Zeit gibt es keine festen Termine mit Lukas. Wir werden uns voneinander erholen, um dann Anfang September in die letzte gemeinsame Etappe bis zu den Herbstferien zu starten. Dann heißt es Abschied nehmen.

Geplant ist die weitere Begleitung für Lukas an drei Tagen in der Woche. Welche das sein werden, richtet sich nach dem Stundenplan und den unterrichtenden Fachlehrern. In der Hoffnung, dass wir einen Nachfolger für mich finden, der Lukas weiterhin gut unterstützt, schaue ich zurück, auf 3 interessante, erfolgreiche, anstrengende und in Erinnerung bleibende Jahre.

Ich denke zurück an viele Kollegen, die mir im Laufe der Zeit ans Herz gewachsen sind und die jeden Tag aufs Neue ihren „Kampf gegen Windmühlen" aufnehmen. Passt auf euch auf, aber bleibt auch am Ball, im Kampf für eure Schüler. Man kann nicht alle retten, aber Weichen zu stellen und sich der „Hilferufe" anzunehmen, sie nicht zu ignorieren, ist Aufgabe eines jeden Menschen. Aber auch ganz besonders derer, die sich die Arbeit mit Heranwachsenden zum Beruf gemacht haben.

Intelligenz ist weit mehr als nur über ausgeprägtes Fachwissen zu verfügen. Wer von den Pädagogen meint, dass sich die Aufgabe eines Lehrers ausschließlich auf Wissensvermittlung beschränkt, ist ebenso -und fehl am Platz!

Soziale, emotionale und fachliche Komponenten in der Entwicklung eines Menschen sind untrennbar miteinander verbunden. Nicht nur in der Medizin ist diese Tatsache bei der Behandlung eines Menschen von besonderer Bedeutung! Also liebe Lehrer, wir brauchen keine Fachidioten, die es nicht einmal schaffen pünktlich zu einer Prüfung zu erscheinen, weil sie nicht in der Lage sind, Prüfungspläne zu lesen und ihre Zeit zu planen, die Asi- Tage feiern und sich auf Kosten Benachteiligter amüsieren, denen es an Verantwortungsgefühl und Leistungswillen fehlt. Menschen, die nur sich im Mittelpunkt sehen, ohne Empathie und Gemeinschaftssinn!

An dieser Stelle seien mir auch noch zwei Frage an die Bestbesetzung der Kategorie BB gestattet?!

Wie viele Jahre haben Sie eigentlich in der DDR gelebt und unter diesem Regime gelitten, dass Sie sich anmaßen es öffentlich so zu verachten und Schülern dieses uneingeschränkt und einseitig zu vermitteln? Handelt es sich bei Ihrer Darstellung des Lebens im Sozialismus um eigene Erfahrungswerte?

Vielen Dank an alle, die mir in der vergangenen Zeit nette Kollegen waren, danke an die, welche gemeinsam mit mir für die Entwicklung von Lukas gekämpft haben!

In gewisser Weise aber auch Dank an diejenigen, welche sich mit aller Kraft gegen neue Herausforderungen wehrten, sich missachtend, abfällig und ignorant über ihr Klientel und vielleicht auch über mich und meine Arbeit äußerten.

Dank deshalb, weil sie mir jeden Tag das Wesen der heutigen Bildungspolitik vor Augen hielten und mir damit den Abschied aus diesem krankenden System erleichterten.

Jahrelang mit den sozialen Missständen dieser Gesellschaft konfrontiert, sei es im schulischen Bereich- als Lehrerin, Sozialarbeiterin, Dozentin, Schulbegleiterin- oder im medizinischen Bereich- in der Altenpflege und als Krankenschwester, ist das Maß des Ertragbaren voll!

Ich schaue nach vorn und freue mich auf ein Leben, ohne Überfluss an materiellen Gütern, aber dafür mit reichlich Zeit. Ein Leben in einer Welt, in welcher noch der Mensch im Mittelpunkt steht und nicht Macht und Geld, welche geprägt ist vom miteinander und füreinander.
In welcher die Menschen noch lachen, singen, feiern, aufrecht gehen und stolz sind auf das Wenige, was sie besitzen.

Ich freue mich darauf, von ursprünglicher Natur umgeben zu sein, jeden Morgen das Meer und die Berge zu sehen und die himmlische Ruhe genießen zu können.

Vielleicht berichte ich in einem weiteren Buch über mein neues Leben?!

Bis dahin kann jeder, den es interessiert auf

www.hausamweg.com

mit dabei sein und verfolgen, ob es uns gelingt, unseren Traum zu leben...

P.S. Den zu Beginn des 4.Kapitels erwähnten Fragebogen, habe ich tatsächlich erarbeitet. Leider ist dieser nie zum Einsatz gekommen, da die Schulleitung es kategorisch ablehnte: „Pädagogen in die Position von Schülern zu bringen." Ich erspare mir weitere Kommentare und belasse es dabei, Auszüge aus meinem Anschreiben an die Zweigschulleitung anzufügen...

Sehr geehrte ,

wie kurz besprochen, anbei ein Fragebogen- welchen ich erarbeitet habe, um den aktuellen Stand zu erfassen und dementsprechend meine Arbeit im nächsten Schuljahr planen zu können- zu Ihrer Kenntnisnahme.
Fragen und Antworten ergeben sich aus dem Material, welches jeder Lehrer bekommen hat, bzw. aus der roten Informationsmappe, auf die jeder persönlich hingewiesen wurde und welche seit meiner Anwesenheit in der Schule für alle sichtbar und zugänglich ausliegt.
Die Befragung ist anonym und deshalb so gestaltet, dass z.B. durch die Schrift keinerlei Rückschlüsse auf Personen gezogen werden können.
Es geht nicht um die Bewertung des aktuellen Informationsstandes, sondern nur um die Erfassung dessen, um die weitere Arbeit zu planen.
Wenn Sie meiner Bitte gerecht werden können, kümmere ich mich selbstverständlich darum, dass Fragebögen in notwendiger Anzahl zur Verfügung stehen und reiche diese vorab bei Ihnen ein! So Interesse besteht, erhalten Sie selbstverständlich nach erfolgter Auswertung, eine Kopie der Ergebnisse.

Vielen Dank im Voraus!
Herzliche Grüße

Anlage
Meine Schreiben bezüglich des „Asi-Tages

Sehr geehrter Herr

dank des gestrigen Motto-Tag „Assi", habe ich endlich ein genaueres Bild von entsprechender Personengruppe! Billige, schmutzige, unmoderne Kleidung, Alkoholprobleme, Harz IV, verfilzte Haare, junge Schwangere......

So einfach ist das ?!

Bisher war ich der Meinung, dass Assitum nichts mit Geld, Beruf und dem sozialen Stand innerhalb einer Gesellschaft zu tun hat, sondern an Verhaltensweisen des Menschen geknüpft ist. Laut Definition handelt es sich dabei um Verhaltensweisen, die gegen die Interessen der Gemeinschaft gerichtet sind.

Sind Menschen die Ihren Job verloren haben in jedem Fall „Assis"?
Sind Frauen die in jungen Jahren Kinder bekommen in jedem Fall „Assis"?
Ist ein Harz IV Empfänger ein Assi?
Ist jemand der keine teuren Klamotten trägt ein „Assi"?
Sind Menschen, die in dieser egoistischen Gesellschaft gestrandet sind „Assis"?

Oder anders herum gefragt,

Ist es sozial auf der Sonnenseite des Lebens zu stehen und Steuern zu hinterziehen?
Bin ich kein Assi, wenn ich alkohol- und drogenabhängig bin, aber viel Geld habe?
Macht mich teure Kleidung zum besseren Menschen?
Zeugt es von sozialem Verhalten, wenn ich Randgruppen der Gesellschaft in dieser Art und Weise pauschalisiert darstelle?
Ist es sozial, dass in einem so reichen Land wie Deutschland Kinder unter der Armutsgrenze leben und Familien der Strom abgestellt wird, während nicht nur die Politik, sondern auch betuchte Mitglieder der Gesellschaft Unsummen an Geld vergeuden?..........

Die gestrige Veranstaltung in Ihrer Schule empfand ich in dieser Form als bedenklich, hochgradig diskriminierend und pauschalisierend. Aus pädagogischer Sicht sehe ich nicht das Thema ansich, sondern Darstellung und die fehlende Auseinandersetzung damit, als Problem. Wenn man so ein brisantes Motto wählt, sollte man es auch als Grundlage für Diskussionen innerhalb der Klassenverbände nutzen. Es ist absolut erschreckend, wie gedankenlos Erwachsene und zudem Pädagogen mit ihrer Mitverantwortung für die Persönlichkeitsentwicklung ihrer Schüler umgehen.

Ein Ergebnis hatte die Veranstaltung mit Sicherheit, nicht nur ich habe jetzt ein genaueres Bild vom „Assi", sondern sicher ist auch vielen Schülern wieder klar geworden, wo sie „hingehören", dass sie aufgrund ihrer Herkunft, ihres sozialen Standes, ihrer Kleidung und ihres „anders seins", nicht gleichwertiges Mitglied dieser, ach so sozialen Gesellschaft sind!

Es fällt mir sehr schwer, meine Gedanken zu diesem Thema in aller Kürze zusammenzufassen. Ich hoffe trotzdem, dass mein Problem klargeworden ist. Für mich war es wichtig für etwas mehr soziales Denken und Achtsamkeit im Umgang mit heiklen Themen zu werben! Jeder von uns sollte sich selbst mal hinterfragen,...Wieviel „Assi" steckt in mir?, bevor man über Randgruppen der Gesellschaft urteilt!

Mit freundlichen Grüßen

....

danke für die schnelle Reaktion auf mein Anliegen. Da ich derzeit über keinen Internetanschluss verfüge, trete ich erneut auf diesem Wege an Sie heran.

Grundsätzlich hatte ich eine andere Reaktion erwartet. Ich bin immer noch der Meinung, dass es Pflicht der Schule ist, gegen diese Art von Diskriminierung und pauschalisierter Verurteilung vorzugehen und diese zudem vollkommen falsche Darstellung, bereits im Vorfeld zu unterbinden. Nicht durch Verbote, sondern durch das Richtigstellen von Definitionen und Erkennen verschiedener Sichtweisen in Gesprächen und Diskussionsrunden zum Thema. Auch das Motto „Puff und Prostitution" ist kein Tabu- Thema, so man es als Diskussionsgrundlage nutzt. Schon im Rahmen der Genehmigung von Themen, bestand die Möglichkeit, Inhalte und Darstellungen zu besprechen.

Ich denke, dass Schule mehr Einfluss hat, bzw. haben kann, wenn sie ihre Verantwortung wahrnimmt. Deshalb möchte ich auch nicht, dass mein Schreiben einfach nur weiter gereicht wird. Es ist unsere Aufgabe, als Erwachsene, Lehrer, Eltern, als Mitglieder der Gesellschaft, Heranwachsene zu lenken, mit ihnen ins Gespräch zu kommen, Blickwinkel zu erweitern und Diskriminierungen nicht zuzulassen. Traurig, wenn das bis zum Ende der Schulzeit nicht gelungen ist und bei aller Wissensvermittlung, die Forderung der sozialen Intelligenz auf der Strecke geblieben ist.

Der Inhalt meines Schreibens kann selbstverständlich als Diskussionsgrundlage im Kreise der SV verwendet werden, aber ein Aufgreifen dieser Thematik gerade im Lehrerkollegium halte ich für ebenso notwendig.

Man kann nicht wegschauen und soziale Ungerechtigkeiten hinnehmen wenn man damit konfrontiert wird, nur um dem Anderen den Spaß nicht zu verderben. Kein Mensch hat das Recht, sich auf Kosten Anderer zu amüsieren. Das ist asozial und einer „Starken Schule" nicht würdig.

Mit freundlichen Grüßen.